All Voices from the Island

島嶼湧現的聲音

疫病與社會的十個關鍵詞

DISEASE × SOCIETY

10 KEYWORDS

劉紹華 著

目次

【序言】

疫情之下的研究思考與分析筆記

本書的出版，就和二〇二〇年的COVID-19一樣，是個意外，卻也有跡可循。這本書可說是我在COVID-19的風暴當中，關於疫病與社會的思考分析筆記，涵蓋過去近二十年來我對愛滋、毒品、痲風與相關醫療衛生研究的經驗和感想，以及自二〇二〇年一月初開始對於中國、臺灣與世界疫情的初步觀察。

我於二〇〇〇年決定赴美研讀醫療人類學的博士。二〇〇〇年，影響全球甚鉅的「人類世」觀點首度問世，同年我開始正式關注影響中國與世界甚深的愛滋病。換言之，二十一世紀一開始，我的研究生涯就捲入了人類世觀點下的傳染病和醫療衛生研究。然而，儘管我長年研究傳染病與社會，對人類世的觀點也一向有感，但直到二〇二〇年之前，我對這些現象連結的理解體悟從未如此貼近衝撞。

新型冠狀病毒疫情是一個正在眼前發生的重大事件，我和所有人一樣都身處當中。種種曾經在疫病與社會相關研究中所見識過的現象，隨著疫情發展而從知識庫中接踵復甦，關於新興疫病與這個時代的新知或未知疑惑也不斷浮現，這些新舊交錯的現象在在令我驚異且好奇。但我已無法像以往一樣，看似寧靜地在檔案室裡挖掘文本史料、在圖書館裡閱讀前人的分析、在田野中追尋事件的痕跡、從報導人口中聆聽當年的記憶。而且，新興疫病與社會衝擊之猛爆，不容我有餘裕挑選關注。

自一月初武漢不斷傳出疑似ＳＡＲＳ的不明肺炎病例起，我就緊盯著筆電，十四吋的小螢幕，成了我的檔案室、圖書館、田野地、報導人。一個看似無遠弗屆的安樂椅式研究途徑，卻異常耗費心力，我亦全然無法平靜，更無沉澱思考所需的寂靜時刻。終日追趕不斷變化的現象與新知、企圖蒐集整理擔心日後可能消失不見或至少難尋的故事與資料、眼見世人受難和經常一如既往的人性善與惡。所有的訊息和現象都可能成為研究的原始材料，盡力見證疫情中的一切成為我的日常，而不再只是某個研究中的興趣或承諾。疫情下的世界就是我的田野，壓力頗大、感受很深、能力卻極為有限。

這本書便是我為自己在被疫情重力壓縮的時空中創造出來的沉澱角落。一方雖小，十足必要。未來疫情與世界會如何尚未可知，但書中的討論貫穿過去與當下的研究思考，是為我接下來往前看的觀察所留下的一個時空暫緩區。我需要這個不上不下、不前不後、縱橫交錯的時空暫緩區，以初步整理擺放我的視界、思考與分析。空出心力才能認真地往前看。

這份寂靜的時空沉澱筆記，是疫情當中幾個因緣際會而協助我一路完成的。

一月初開始，我就一直關注中國的不明肺炎疫情，想知道究竟發生了什麼事。一月二十三日小除夕那一天，武漢宣布封城。時值春節，我想放假休息，卻又心不在焉地始終掛記著武漢的狀況，經常盯著電腦和手機。一月二十九日，大年初五開工日，我按捺不住心情，在臉書寫下沉重感想，強調「是要說給疫情倖存者聽的」，批評中國民族主義的面子問題對於疫情與歷史的影響（文章收入此書以為紀念）。此文一出，引發廣泛迴響與轉載，一時之間，來自世界各地的訪問、撰稿、演講等邀約不斷。

我還算務實，並沒有來者不拒。若是請我針對當前中國疫情或防疫景況做為發言重點的邀約，我一律婉拒。原因無他，當時我和眾人一樣，對於中國的現場情況所知有限，我無法對我所不知道的現象高調置評。另外一些著重於以我的研究經驗來反思疫情的邀約，我則基於研究者的公共性責任而接下（本書收入其中四篇）。諸多的邀約中有一個負擔特別沉重，卻是我最為放在心裡且貫徹實行的任務。

那篇讓我陷入另一種疫情風暴的臉書文發出當天，香港文化人梁文道先生連繫我，邀請我為他在北京的「看理想」音頻節目（podcast）錄製《傳染病與人》，希望我以人類學和當代中國研究的經驗，來與華人聽眾分享知識和觀點。於是，我翻開以前出版的兩本專書《我的涼山兄弟：毒品、愛滋與流動青年》和《痲風醫生與巨變中國：後帝國實驗下的疾病隱喻與防疫歷史》，找出我曾經討論過的一些議題，並對照著當下疫情的各種閱聽報導，從中挑出了我認為無論何時對於理解中國疫病與社會都很關鍵的十個主題。

對我擬撰寫的這批稿件，春山出版社的總編輯莊瑞琳和副主編盧意寧表示很有興趣，認為這十個主題無疑就是十個關鍵詞。而我也以為，挑選這十個主題，是我認識疫病與社會的一種切入方法。所以一開始，就訂下了這個廣播稿最終會成為書稿的出版計畫。

於是，自二月起，尤其在三月至五月幾近封鎖的社交距離期間，我在持續密切關注疫情相關新聞的同時，也一集一篇地依序完稿。這段期間裡，另外也有諸多因緣促使我更為投入疫情的觀察與研究，有時是無預期出現的難得機會，讓我得以深入訪問一些重要事件的經歷者，包括醫護和防疫人員、受困武漢的臺灣人、包機乘客、艦隊成員等，我也常有機會與疫情前線的媒體人交談，基於研究倫理之故，我無法一一在此感謝這些受訪者。五月間，我又受邀加入中央研究院為期半年的「COVID-19人文社會科學短期研究小額補助計畫」，這些都促使我更為慎重看待我對疫情的分析與紀錄。

大半年後，這本書終於完成了。只是，過程其實並沒有如今說起來的這麼簡單，從起心動念到定稿付梓的數月間，這十集稿件僅是大幅修訂就至少經歷過三個回合。第一稿是以中國等地華人聽眾為對象的一般文稿，後來應編輯大壹建議改為口語廣播稿，第三稿則是擴大讀者對象、加重資料與論述的正式書稿。

這十集文稿，除了奠基於過去研究的心得，也包含在疫情當中對於諸多現象邊發生、邊見證、邊思考的紀錄，甚至在最後的校訂階段，仍依照近期的變化而有所適度補充調整。是以，本書雖然稱不上長年累月的完整嚴謹研究，資料的蒐集仍有局限，沉澱的時間或有不足，但我盡力根據過去近二十年來的研究、閱讀與思考，將一個龐大逼近的新興疫情現象，嘗試從十個面向切入，提出觀察分析疫病與社會的方法路徑。因此，本書中若討論到我過去的研究分析，便直接引用自我已出版的專書，而不臚列單筆資料的原始來源，以示本書綜合性思考的研究成果根據。

本書以中國為主要分析案例，但意涵不限於中國。十個關鍵詞，是為了穿透隨著疫情而冒出的現象，從中看見政治、社會與文化的影響。我一向以為，學術研究儘管提出政治性的分析與探問，但目的並不是要在政治上選邊站。我有緣成為學者，看多了不同時空下各種政治性的研究，認為真實有利於人群福祉的選邊站，並非一時的政治立場選擇，而是對於社會文化具有長期倫理性承諾的抉擇。一時不等於長期，長期不在於一時。

這是我撰寫本書時的初衷，僅供讀者參考，也許有助於在閱讀此書時，更為掌握我的理路、風格與目標。

COVID-19也許劃下了我在研究上的一個分水嶺。寫就這本小書，加上過去已完成的專書，算是整理了我目前為止對於疫病與社會的主要思考。有此為基礎，我便得以卸重而放心地向前，專注觀看這個所謂後疫情時代的世界未來將如何發展。

往前看是為了未來回望今日，而不是為了預知未來。未來可以預想以為防範，但終究難以預知；未來卻可以印證過去和今日的是與非、真知與無知。

這本書就是一份思考紀錄，是將疫情期間的觀察想法進行初步整理的告一段落。與讀者分享，目的是拋磚引玉，企盼能有更多的人投入開展更為深刻的研究，探索影響社會福祉的重要新舊議題，包含本書所提的十個關鍵詞，以及書中未能觸及的其他重要面向，例如：疫苗的安全、分配與全球衛生的競合；新冠患者的當下之苦與康復之後的狀況；CDC等專業防疫機構的未來動向與發展；公衛倫理與研究倫理的界線；緊急公衛狀態與法律的角力、法律與政治制度的變動；科技與大數據防疫的前景和挑戰；臺灣與中國和WHO的關係；全球化交流與國際邊界強化的消長；臺灣社會與在中國的臺灣人和來自中國的新移民的關係等，這些都有待投入更多的關注討論，不論是學者、記者還是公民團體。

新冠之疫是正在眼前發生的過程，它既彰顯了疫病與社會的歷史遺緒，又呈現出未來性。我既感受到它做為認識分水嶺的潛力，又私心希望其不具此威力。疫情當中，顧後易、瞻前難，我僅能以此書聊表身為歷史中人叩問現實之殷切，為自己創造一方寂靜的反思空間。

寫於二〇二〇年九月近中秋

第一章

要想終結汙名歧視的循環鏈，
沒有人是局外人。

二〇二〇年橫掃世界的新型冠狀病毒疫情，在臺灣普遍稱之為「武漢肺炎」，指其為「簡稱」、「通稱」或「俗稱」，不少民眾、尤其孩童，甚至以為這就是新興疫病的正式中文名稱。

其實，即便是官方說法，也並非一開始就如此稱呼這個傳染病。「武漢肺炎」說法的廣泛流通，有著多重因素交錯的時空脈絡，其普及程度之高，遠勝於第五類法定傳染病「嚴重特殊傳染性肺炎」或「新冠肺炎」等稱法。至今，COVID-19的中文名稱，在臺灣仍是一筆糊塗帳。

從二〇二〇年一月初至二月中，這個新興疫病的命名與汙名連結一直是國際焦點，後續仍餘波盪漾。誠然，疫病名稱不一定會自行衍生出汙名反應，名稱的意涵及汙名連結必然是在特定的社會脈絡中形成。

美國社會學者高夫曼（Erving Goffman）對汙名（stigma）的分析很有洞見，他強調理解汙名的關鍵並非人或標籤本身，而是其背後隱藏的社會「觀點」（perspectives）。[1] 美國社會心理學者林克（Bruce G. Link）和喬．菲蘭（Jo C. Phelan）更進一步解析汙名化（stigmatization）的過程指出，當被貼上標籤的人與既有的負面刻板印象連結起來，便是汙名出現的關鍵環節。[2]

正是為了避免不必要和不預期的汙名，二〇一五年五月，世界衛生組織在與世界動物衛生組織（World Organisation for Animal Health）和聯合國糧食及農業組織（Food and Agriculture Organization of the United Nations）討論後，公布了疫病的命名指引「新興人類傳染病命名的最佳做法」（WHO best practices for naming of new human infectious diseases），提出命名的「首要原則是不造成傷害」（First do no harm）。呼籲全球的科學家、政府和媒體，在命名新興疫病時，要盡量避免對於貿易、旅遊和動物福利的負面影響，以及避免引發對於文化、社會、國家、區域、專業或族群的攻擊。[3]

二十一世紀重大新興疫病不斷出現，世界衛生組織提出這份指引，正是基於歷史上疫病名稱所帶來的負面影響反省。疫病名稱與汙名的連結，一直是人類歷史的教訓。殷鑑不遠，例如二〇〇九年的Ａ型流感Ｈ１Ｎ１亞型被稱為「豬流感」（swine flu），實際上這個疾病是人傳人，[4]但名稱引發埃及不安，而全面宰殺豬隻。以色列因為信仰猶太教而視豬為文化禁忌，原本要將「豬流感」改名為「墨西哥流感」（Mexican flu），遭到墨西哥大使抗議後撤回更名決定。[5]又如二〇一五年的ＭＥＲＳ（中東呼吸道症候群），也引發中東國家的抗議和世界衛生組織的批評。[6]

在當前國際政治與重視人權的多元時代，疫病命名有待考慮的面向比起以往更為複雜。新型冠狀病毒疫情的命名，正是在眼前發生的歷史過程，值得做為理解一個疫病命名的案例。

不過，命名涉及的面向複雜，囿於篇幅，這裡只能大概重建「武漢肺炎」一稱的部分脈絡，無法深入分析全面過程，因為那需要鋪陳更多的資料與討論。而我關注的重點是，以痲風病與愛滋病為例，回溯歷史上疫病名稱與汙名的連結，以及一旦連結後對於正名和去除普及汙名造成之長期困難，回應關於當前新興疫病命名的思考。

「武漢肺炎」的命名轉折

如今國際上正式醫學名稱為COVID-19的新興疫病，從中國湖北省武漢市開始爆發後一個半月內，各界對它的稱法就已數次變更。

最初，在二〇一九年十二月底之前，至少已有九名的不明肺炎病例出現在武漢當地醫院，那時還不知道這是什麼疾病。初步的基因測序檢測只知是一種類似SARS的冠狀病毒。

一開始，中國官方和媒體大致使用「武漢不明肺炎」或「武漢病毒性肺炎」之類的說法，來指稱這個新興疫病。國際組織則主要採用描述性說法，如「武漢出現不明病毒造成的肺炎」（pneumonia caused by unknown virus in Wuhan）或「在武漢（或中國）的新冠狀病毒」（new coronavirus in Wuhan (or China)）等。部分英文媒體則可能簡稱為「武漢病毒」（Wuhan Virus）或「中國病毒」（China Virus）。

二〇二〇年一月九日，中國官方正式宣布已確認「武漢病毒性肺炎」的病原體為一種新型冠狀病毒，世界衛生組織隨後建議將此病毒暫時命名為「Novel coronavirus 2019」（簡稱「2019-nCoV」，中國譯為「2019新型冠狀病毒」），並表示正式名稱的定案仍取決於國際病毒分類委員會（International Committee on Taxonomy of Viruses, ICTV）。而在臺灣，疾病管制署（以下稱「疾管署」）亦於一月九日發布新聞稿，說明「剛接獲陸方通知，病原體初步判定為新型冠狀病毒，核酸檢測結果共15例陽性，已完成病毒全長基因定序，電子顯微鏡下亦呈典型冠狀病毒型態。疾病管制署表示，現有資訊均在預期與掌握之中」。[7]

兩天後，一月十一日，武漢市衛生健康委員會在通報病例時，首度將「不明原因的病毒性肺炎」改稱為「新型冠狀病毒感染的肺炎」。

不過，此時不論是針對病毒或疾病、英文或中文的說法，皆為暫時性的名稱。

又過了一個月後，二月十一日，國際病毒分類委員會才正式將病毒命名為「severe acute respiratory syndrome coronavirus 2 (SARS-CoV-2)」，直譯可能為「嚴重急性呼吸道症候群冠狀病毒第二型」。二〇一九年出現的新型冠狀病毒，和導致二〇〇三年SARS疫情的冠狀病毒，在基因上有所關聯，卻是不同的病毒，因而以此名稱區分。[8] 順帶一提，在研究的過程中，有些臺灣醫師向我表示，若用「二代SARS」來與民眾溝通，可能更為方便，又不致引發爭議。

新型病毒正式命名的同一天，世界衛生組織根據二〇一五年的命名準則，在「國際疾病分類」(International Classification of Diseases, ICD)系統中，將此新興疫病正式命名為COVID-19。至此，這個疾病終於有了一個國際通用的正式醫學名稱。

聯合國的中文網站將COVID-19譯為「2019冠狀病毒病」[9]。在中國，此疫病的正式名稱為「新型冠狀病毒肺炎」，簡稱「新冠肺炎」。

而在臺灣，對此疾病的稱法則顯示出與中國和世界衛生組織反向變化的趨勢。亦即，臺灣官方與民眾的溝通用語，是從較為專業性的描述，轉為通俗性的非正式用語，且與世界衛生組織的疫病命名原則漸行漸遠。

我國官方對外用語的轉變，可從疾管署的新聞稿看出趨勢端倪。疾管署從二〇一九年十二月三十一日開始發布新興疫情的新聞稿，大致採用「中國大陸武漢肺炎疫情」、「武漢的肺炎疫情」、「中國不明原因肺炎疫情」、「武漢地區嚴重肺炎」等描述性說法，「武漢」接著「肺炎疫情」，而非以「武漢肺炎」為疫病名稱的形式單獨出現。

自一月九日起，當中國和聯合國陸續稱此病原體為「新型冠狀病毒」後，疾管署的新聞稿也會使用「新型冠狀病毒」或「新型冠狀病毒肺炎」的說法，偶爾亦夾用2019-nCoV的英文名稱。一月十五日，疾管署公告將「嚴重特殊傳染性肺炎」列為第五類法定傳染病，以強化疾病監測的通報，此時這個名稱指涉的是臨床診斷上必須通報的症候群。之後，以上各種用法都可能交替出現在疾管署的新聞稿中。

但是，大致上，仍可歸類得出新聞稿中不同說法的出現模式，亦即提及疾病時，主要使用「新型冠狀病毒感染的肺炎」；談及疫情時，則可能使用「武漢肺炎疫情」；而提及疑似案例的通報時，則使用「嚴重特殊傳染性肺炎」。

疾管署新聞稿中首次單獨出現「武漢肺炎」是在二〇二〇年一月二十三日，標題為「中央流行疫情指揮中心嚴正呼籲，民眾勿於社群軟體發布武漢肺炎相關不實訊息，避免觸法」。之後，亦都是在呼籲民眾勿信謠言的新聞稿中，才會單獨出現「武漢肺炎」一詞。不過，當中央流行疫情指揮中心於一月底開始透過網站、海報、Line等方式向民眾廣為宣導戴口罩等防疫措施時，「武漢肺炎」或「中國武漢肺炎」一詞開始頻繁出現。但是大致上，除了闢謠與宣導這兩類情形，疾管署的新聞稿都未曾正式使用「武漢肺炎」的稱法。

然而，這樣的現象，在二月十一日之後出現明顯變化。

二月十一日，國際上正式命名新興病毒與疾病。同一天下午，陸委會發布新聞稿宣布，領有長期居留證、長期探親證之國人與陸配子女，可准予入境返臺，引發討論。陸委會主委陳明通當晚以「小明的故事」來補充說明，更引爆輿論爭議。[10]隔日，中央流行疫情指揮中心指揮官陳時中於記者會上宣布，撤回陸委會二月十一日的政策新聞稿，[11]「小明」確定無法返臺。此為輿論中的「小明事件」。

根據我的研究訪談所知，二月十一日之後，中央政府要求下級部會對外溝通時，統一使用「武漢肺炎」。二月十二日起，疾管署的新聞稿開始直稱「武漢肺炎」，後面不再加上「疫情」，但可能括號註記（COVID-19）。此後，「新型冠狀病毒」或「新型冠狀病毒肺炎」的用法驟減，代之以「武漢肺炎」與COVID-19為主。

前副總統陳建仁是醫療衛生領域的知名專家，在其二〇二〇年五月八日的臉書貼文中，將他以臺灣副總統身分參與美國史丹福大學胡佛研究所舉行之「Taiwan And The COVID-19 Pandemic: Lessons For The World」線上研討會，翻譯為「臺灣與全球武漢肺炎疫情：給世界的啟示」；但在其專題演說內容的中譯文裡，卻不曾使用「武漢肺炎」，而是「新型冠狀病毒疫情」[12]。同樣是COVID-19，演說文與研討會標題的中文用語便不同。

提及這段插曲，是為了說明「武漢肺炎」一詞為臺灣官方對民眾溝通時的主要說法，並非專業領域中的正式用語，甚至可能兩者同時混用。

無論如何，從此新興疫病命名一波三折的過程中，我們可以看到，源自於武漢的病毒性疫病，從中國官媒開始的地名指涉，是後來「武漢肺炎」一詞的變異源起。只是，變異的轉折點耐人尋味。不只臺灣，全球各地的非正式疫病用語都值得反思。

疫病名稱與汙名的歷史殷鑑

全球流行的新興疫病在周折的命名過程中，儘管中國官媒已不再使用「武漢不明肺炎」或「武漢病毒性肺炎」等突顯地名的疫病稱法。但是，在中國之外，可能因為世界衛生組織最初建議的病毒名稱並不利於大眾使用，加上疾病正式名稱的確認耗費了一段時間，所以武漢肺炎、Wuhan Virus 或 China Virus 這些說法，已廣為使用，甚至刻意採用。[13]

對於眾多的歐美人士而言，他們可能並不在意、也分不清遙遠的武漢或中國和其他亞洲地區有何區別。疫情在歐美蔓延時，「中國病毒」或「武漢病毒」被種族歧視者用以辱罵亞裔臉孔的人，更惡劣者甚至藉此攻擊亞裔人士，歧視行徑所在多有。

從這些汙名現象，可見疾病的命名為何值得謹慎。當帶有汙名意涵的用語一旦普及，之後欲以無害之虞的名稱取而代之，不僅障礙重重，既有的名稱也難以從人們的記憶或口中移除。

歷史上，這樣的情況屢見不鮮。所幸，基於汙名反思而展開的疫病「正名」，也不乏先例。以下便以愛滋與痲風這兩個堪稱汙名原型的經典疫病為例，來說明社會對於疾病名稱的反省。

愛滋與同志汙名

一九八〇年代愛滋這個新興疫病在美國確認時，如同二〇二〇年的新冠病毒疫情一樣，令世人困惑恐慌。當時，最早的病例是曾有男性間性行為的同志，以致一開始世人對此疫病就產生了刻板印象，認為它是男同志的疾病。

儘管不久後，在毒品注射者、使用血液製劑的血友病患之間也發現了感染案例，甚至日後全球異性戀感染者人數其實遠多於同性戀感染者，最初的刻板印象仍舊主宰了人們的認識。至今，愛滋仍常被認為是攸關同志的疾病。

然而，愛滋病的中文名稱，就曾基於避免汙名同志之故而改變過。

一九八二年，美國將這個新興疫病命名為「後天免疫缺乏症候群」（Acquired Immunodeficiency Syndrome），縮寫為AIDS，隔年並確認造成AIDS的HIV病毒。在臺灣，由於AIDS與男同志的刻板印象連結，媒體一度將之譯為「愛死病」。不過，後來「愛死病」被批評是對同志的汙名，而更名為「愛滋病」。

而在中國，最初有兩種譯名，「愛滋病」與「艾滋病」。一九九〇年代起，「艾滋病」明顯取代了「愛滋病」。關於這個消長變化，有過不同說法，一說是因為「愛」滋病易於引發同志或性行為的聯想；另一說則是「愛滋」有「愛資」（愛資本主義）的不好隱喻。這些都不是社會主義政府能夠容忍之事。

但是，不論是臺灣改為「愛滋」，或中國改為「艾滋」，更名後就能擺脫刻板印象嗎？其實不一定。改變名稱具有象徵的意義，然若僅止於此，不見得足以產生明顯作用。能否真正去除汙名歧視，進一步的政策調整與社會反思很重要。

所以，即使中國以「艾滋」取代「愛滋」，看似去除了性病的刻板印象，但不論是艾滋感染者還是男同志，至今依然飽受歧視。缺乏後續反省，一個相對進步的名稱並不足以改變什麼。

而在臺灣，從「愛死病」到「愛滋病」，儘管對於感染者的歧視、以及同志和愛滋的連結至今仍未完全消失，男性間性行為者不得捐血的終生禁令始終存在，但社會對於汙名歧視的敏感及對同志的尊重，近年來已大幅改善，法律甚至也已接受同志的婚姻平權。這是臺灣從愛滋正名以來的逐步人權改善。

從痲瘋、麻風到漢生病

接著，我們再來討論麻風病的名稱。麻風和愛滋這兩種疾病，堪稱疫病汙名的原型，愛滋爆發之初，「新麻風」或「二十世紀的麻風病」的隱喻說法一度湧現。[14]

麻風的英文名稱「leprosy」源自於古希臘文，相關語系中的麻風病都有類似字詞，容易辨識。麻風是人類最古老的傳染病，在世界各地的考古發現與文史典籍中，常見關於它的汙名紀錄，《聖經》是其中最廣泛流通的典籍。總而言之，不論是中文還是英文，「痲瘋病」都可謂古往今來疫病汙名的原型。

「痲瘋病」（leprosy）在二十世紀下半葉，改為正式的醫學名稱「漢生病」（Hansen's disease）。最早的更名建議起於一九三一年在馬尼拉舉辦的國際麻風大會。一九四〇年代，由於新興磺胺類藥物（sulfone derivative）出現，加上二戰後國際關注「正義」及「人道」等新興價值，國際專家開始重新檢討隔離的防疫手段與病患人權，美國的麻風患者更要求正名。於是，一九四八年，在古巴哈瓦那舉行的第五屆國際麻風大會上，通過不再使用「leper」（癩子）這個極為貶抑的稱呼，改稱為「leprosy patient」（麻風病人），但仍保留「leprosy」做為疾病的科學性指稱，並不強力停用，由各地視情況而定。[15]

一九五八年，第七屆國際麻風大會在東京召開，正式提出反隔離宣言。此後，世界各國陸續廢除隔離制度或不再隔離新病人，廢除麻風聚落、改以治療做為防治手段的政策，逐漸成為國際趨勢。同時，大會也建議使用發現麻風桿菌的挪威醫師漢生（G. H. Armauer Hansen, 1841-1912）的名字，將麻風的醫學名稱更名為「漢生病」，以期擺脫「痲瘋」（leprosy）的長存汙名。

但是，耐人尋味的是，國際麻風大會卻從未改名，其他相關的歷史性組織也沒有改名。例如，一八七四年成立的萬國麻瘋救濟會、一九三一年成立的國際麻瘋協會（International Leprosy Association）及其出版刊物《國際麻瘋雜誌》（*International Journal of Leprosy*）等重要的世界性麻風扶助機構與刊物，都未改名。在這些組織的活動或期刊文章中，

「Hansen's disease」或「leprosy」兩個名詞交錯或同時使用的情形很常見。[16]

之所以有此現象，主因是欲更改一個經年使用的疾病名稱，相當困難，而且每個地區疾病汙名的情況不見得一樣。此外，疾病名稱的變動亦涉及醫學、政府檔案、媒體等歷史紀錄，以及一般民眾的常識與衛生教育。所以，只有巴西因為痲瘋汙名的現象非常嚴重，於一九七五年正式全面禁用舊名稱，一律改為「漢生病」，這個政策在巴西被視為有效去除痲瘋汙名。[17] 其他地區則多是更改正式的醫療名稱，一般的情況卻可能是兩個名詞通用。例如，臺灣的網站資訊即可見說明「漢生病」俗稱為「痲瘋」。[18]

至於痲瘋疫情較為盛行的中華人民共和國，從未使用過「漢生病」，「痲風」仍是正式的疾病名詞。不過，自一九五〇年代起，中國就逐漸將歷史上常用的「癩瘋」或「痲瘋」去除病字部首，改為「痲風」。這個改變，較接近傳統中醫對此類疫疾的解釋，即「風」為病因，「痲」為病徵。儘管發音不變，這樣的更名仍具有象徵意義。

然而，與艾滋病的情況同樣遺憾的是，這個象徵意義缺乏具體的反汙名做法以為後續。甚至，相反的，當國際上呼籲廢除隔離痲風病人的政策，並呼籲改變名稱以去除汙名時，中國反而與國際潮流逆向，展開歷史上首度大規模的隔離防疫運動。[19]

如今，世上大部分的已開發地區，麻風病已趨近消失，不再是令人極度恐懼的疫病。相較之下，在今日中國，其麻風防治的成果雖然令世人矚目，但麻風病人依然飽受汙名歧視，連醫師都承受連帶汙名。[20]

回望歷史的倫理指引

從以上愛滋與麻風的例子來看，在中國，若僅為疾病正名，對於去除汙名歧視的影響相當有限。但在其他地方，包括臺灣，正名邁出了象徵性的第一步，後續反汙名的具體實踐便可能導引出正面的社會變遷，以期逐步重塑疾病的現代科學形象，讓麻風病真正轉型成漢生病，讓愛滋病不再成為社會對同志的偏見。

回到這一次的COVID-19來看，中國呼籲外界不應繼續「武漢肺炎」或「China Virus」的用語，是合情合理的要求。不過，在提出此呼籲之際，值得一併思考至少下列兩點。

首先，中國官方與媒體關於COVID-19的最初稱呼，並未留意歷史教訓，也忽視世界衛生組織對於疾病命名的提醒。一開始使用了「武漢病毒性肺炎」等指涉地方事件的方便說法，導致後來在口語傳播上極易變成「武漢肺炎」這個更為簡便的用語。

其次，對國際呼籲改變疾病名稱之際，中國對內也應反思，「武漢肺炎」一詞只是國際問題嗎？還是，這個用語所突顯的，其實是無關國界的「地域本位主義」，或不斷怪罪他人、在自我和他者之間劃上界線這種「他者化」的慣性？

中國做為一個集體，對於世界使用「武漢肺炎」或「中國病毒」的說法感到氣憤；換位思考一下，若以湖北或武漢做為一個集體來思考，在中國境內，尤其疫情之初，武漢人或湖北人是否也被其他地區的中國人「他者化」而飽受汙名歧視？是以，問題出在哪裡？問題出在每個可能汙名化他人的個人身上。

而在臺灣或其他國家，對於「武漢肺炎」一詞不以為意，甚至可能刻意使用，則與過去對於疫病名稱的汙名敏感和反省先例，呈現出相反態度。如前所述，這當中有複雜的糾結因素。然而，無論如何，人類對於疫病和汙名曾有的反思與改革，仍值得謹記參考，以利放大視野與歷史格局，俯瞰當下「自我」與「他者」的劃界爭端，並前瞻我們終將如何在世上共處。

無論身在何處，如果不從自身反省開始，只顧劃分「歐美」vs.「亞裔」，「世界」vs.「中國」，「中國各省」vs.「武漢」、「中國人或在中國的人」vs.「臺灣人或在臺灣的人」、「確診者」vs.「健康人」，如此循環不已的偏見對立，只會讓對於「他者」的汙名歧視在日常生活中永續長存。

要想終結汙名歧視的循環鏈，沒有人是局外人。

世衛組織二〇一五年的命名指引，是一份倫理準則。人類不一定能預見歷史如何發展，但一定可能從歷史中記取教訓，以盡量避免重蹈覆轍。從疾病的名稱與汙名可見歷史之一斑。

1 Erving Goffman, *Stigma: Notes on the Management of Spoiled Identity* (New York: Simon & Schuster, 1963).

2 Bruce G. Link and Jo C. Phelan, "Conceptualizing Stigma," *Annual Review of Sociology* 27 (August 2001): 363-385. 劉紹華，《我的涼山兄弟：毒品、愛滋與流動青年》(臺北：群學，二〇一三)，頁二六九—二七〇。

3 "WHO best practices for naming of new human infectious diseases," World Health Organization, https://www.who.int/topics/infectious_diseases/naming-new-diseases/en/.

4 Talha N. Jilani, Radia T. Jamil and Abdul H. Siddiqui, "H1N1 Influenza (Swine Flu)," StatPearls - NCBI Bookshelf, last updated July 20, 2020, https://www.ncbi.nlm.nih.gov/books/NBK513241/.

5 Zaria Gorvett, "The tricky politics of naming the new coronavirus," BBC Future, February 17, 2020, https://www.bbc.com/future/article/20200214-coronavirus-swine-flu-and-sars-how-viruses-get-their-names.

6 Jasmine Taylor-Coleman, "How the new coronavirus will finally get a proper name," BBC News, February 5, 2020, https://www.bbc.com/news/world-asia-china-51371770; "WHO best practices for naming of new human infectious diseases," World Health Organization, https://www.who.int/mediacentre/news/notes/2015/naming-new-diseases/en/.

7 疾管署二〇二〇年一月九日新聞稿，〈針對中國大陸武漢肺炎疫情及相關檢驗結果，疾管署持續與陸方及世界衛生組織保持聯繫，我國仍維持現有防治作為〉。

8 "Naming the coronavirus disease (COVID-19) and the virus that causes it," World Health Organization, https://www.who.int/emergencies/diseases/novel-coronavirus-2019/technical-guidance/

naming-the-coronavirus-disease-(covid-2019)-and-the-virus-that-causes-it.

9〈2019冠狀病毒病（COVID-19）及其病毒的命名〉，世界衛生組織，https://www.who.int/zh/emergencies/diseases/novel-coronavirus-2019/technical-guidance/naming-the-coronavirus-disease-(covid-2019)-and-the-virus-that-causes-it。

10 黃順祥，〈陳明通「小明的故事」解釋陸配子女來台　綠營質疑聲浪湧現〉，新頭殼 Newtalk，二〇二〇年二月十二日，https://newtalk.tw/news/view/2020-02-12/365485。

11〈本會重新修正有關於原本長期居住臺灣，目前因故滯留中國大陸之陸配子女入境管制政策之說明〉，中華民國大陸委員會，二〇二〇年二月十一日，https://www.mac.gov.tw/News_Content.aspx?n=B383123AEADAEE52&sms=2B7F1AE4AC63A181&s=CE14B96738D4DFD6。

12 https://www.facebook.com/chencj/posts/2933012333446236.

13 例如，川普在二〇二〇年九月二十二日預錄的聯合國大會致詞中，又再度強調看不見的敵人——「中國病毒」（China virus），發言重點為控訴中國之惡，以及強調美國對世界的貢獻和川普自己對美國的貢獻：https://www.whitehouse.gov/briefings-statements/remarks-president-trump-75th-session-united-nations-general-assembly/。

14 劉紹華，《麻風醫生與巨變中國：後帝國實驗下的疾病隱喻與防疫歷史》（臺北：衛城，二〇一八），頁五八。

15 "The name 'leprosy'; reformist terminology," *International Journal of Leprosy* 21, no. 1 (1953): 86-89; Frederick C. Lendrum, "The Name 'Leprosy'," *The American Journal of Tropical Medicine and Hygiene* 1, Issue 6 (November 1952): 999-1008.

16 劉紹華，《麻風醫生與巨變中國》，頁七二。

17 Patrícia Deps and íAlice Cruza, "Why we should stop using the word leprosy," *The Lancet Infectious Diseases* 20, Issue 4 (April 1, 2020): e75-e78.

18〈什麼是漢生病？〉，衛生福利部草屯療養院，二〇一一年三月二十八日，https://www.ttpc.mohw.gov.tw/?aid=508&pid=110&page_name=detail&iid=350。

19 劉紹華，《麻風醫生與巨變中國》，頁七二—七三。

20 劉紹華，《麻風醫生與巨變中國》，頁三九八—四〇一。

第二章

COVID-19以肆虐全球的規模，
深刻突顯了現代衛生論述中的核心議題，
也就是「個人」與「公共」的拉鋸。

COVID-19以肆虐全球的規模，深刻突顯了現代衛生論述中的核心議題，也就是「個人」與「公共」的拉鋸。

管制大眾人身的權力，以及社會對於個人保障有何義務，是公共衛生的一體兩面。也就是當「個人」和「公共」之間出現利益衝突時，孰輕孰重、如何拿捏、如何處理的問題。

醫療史家傅柯談論生物政治（biopolitics）時，區分醫療與公衛的權力技術：前者著重於個人身體的規訓，後者指涉國家對大眾的生命管制。公衛的權力技術囊括、甚至超越臨床醫療，涵蓋對於性、生育、死亡和疫病等的集體人口管制。

即使在以個人主義為基調的民主社會中，公衛的核心理念也是將個人置於集體的利益之下，尤其當人群面臨不確定的風險之際，對個人自主權的限制常被社會視為正當之舉。[1]

在現代醫學的發展過程中經常可見的家長式作風（paternalism），即基於醫療專業自詡的道德責任，而對病人主動採取的權威性保護態度，已在強調公開透明的醫病關係與生物倫理的規範下，受到質疑而逐漸式微。

然而，在公衛領域，這樣的家長式作風仍為主流，尤其當涉及大型傳染病的防疫之時，國家、公衛界、乃至主流社會，大多支持決策者基於公共利益優於個人權益的理念，以權威保護者的姿態進行衛生治理。

危機處理確實有其必要，保護人群的安危亦是政府治理的責任。不過，仍值得我們深思的是，公共衛生的「公共」指的是誰？亦即「公共」的界定為何？由誰制定這些界線？以公共之名犧牲個人權益的底線何在？

檢疫、隔離、封鎖與人權

人類疫病史上前所未有的隔離規模，從二〇二〇年一月二十三日開始。這一天，擁有千萬人口的武漢市突然宣布封城，中國採取此絕對手段控制新冠病毒疫情，令舉世震驚。封城後，武漢政府快速搭建多個「方艙醫院」，二月六日起開始大量收治隔離病人。三月初，疫情嚴峻的義大利，也採取了媒體稱之為全境「封鎖」（lockdown）的行動禁令。之後，世界多國陸續下達封城令。[2]

隔離(isolation)[3]或檢疫(quarantine)[4]是公共衛生的技術用語,封鎖則不是。封城的格局遠遠超過醫療衛生的面向,可能涉及全體人口的所有活動。COVID-19全球大流行以來,不同國家或地方政府做出封城決定時,對人們行動的限縮形式與程度可能有所不同,但無論如何,官方通常都避免使用lockdown的字眼,那聽起太令人恐慌。所以,紐約將封城稱之為「紐約暫停」(New York on Pause)[5];加州則宣布「緊急狀態」(state of emergency);英國等多國政府使用「在家命令」(stay home);臺灣和全球各地至少也都有「社交距離」(social distancing)與居家檢疫(home quarantine)的口號或規定。

儘管用語有異,這些在COVID-19疫情中流行的危機治理語彙,基本上都指向不同形式的短期隔離,一種「例外狀態」的公衛治理需求。

在這種危機感所引發的例外狀態下,個人的權利和集體的權力之間要如何權衡,才能約束可能並不良善的人性反應與政府治理,不至於在日常生活中肆無忌憚地擴張?

我清楚記得,武漢爆發疫情之初,從武漢返回中國各地的人遭受嚴重排斥與威脅,面臨無處可去的困境。[6]在杭州,有返鄉者被居民委員會強行反鎖在屋裡,只因人們恐怕「武漢病毒」跑出來；[7] 還有在農村，政府下禁足令，一戶人家在自家中打麻將，卻因眾人對「群聚」感染的恐懼，而被拖離毆打。

臺灣也許並未出現如此誇張的事件，但因恐懼而產生的汙名、歧視與排斥，也並不少見。例如，因果證據並不充分、卻被官方判定造成第一個本土確診案例（白牌車司機）的返鄉浙江臺商所經歷的巨大壓力。[8] 原本是一月起海基會為協助滯留武漢臺人而蒐集的個人資料，二月時卻成為移民署「註記」這批求援者不得自行登機返臺的管制名單。[9] 一月出國旅遊、三月初返臺後染疫的高中生，在網路上被肉搜獵巫。[10] 四月間，國軍磐石艦群聚感染，放假官兵的詳細足跡、甚至和女友的親密接觸都被公布追蹤。[11]

如果我們要在瘟疫蔓延的恐懼下，仍能維護公共權力與個人權利之間的平衡，只有重視法律和開放討論，才有機會反省並修補錯誤，讓社會得以調整對個體造成無謂傷害的可能性與程度。

接下來我以中國的麻風和美國的愛滋為例，繼續討論公共衛生中的個人與集體張力。

歷史深遠的隔離

人類的疾病史上，我們經常能看到對於特定疾病患者採取隔離手段，其中最古老的大概就是痲風病。《論語．雍也篇》裡記載，孔子哀嘆其品德高尚的弟子冉伯牛竟然罹患惡疾，後世認為此惡疾可能即為痲風。孔子隔窗握著被隔離的伯牛之手，喟嘆惜才。在中國的歷史上，不論是漢民族，還是少數民族，痲風患者一直是處於被社會嚴重排斥、流放或隔離在偏僻地帶的一群人，身分如同「賤民」。

到了二十世紀中期的中國，人們對於痲風患者的恐懼仍然很大。像是一九五一年雲南發生的一起悲慘事件，即使當時已將痲風患者隔離在痲風病院中了，當地民眾依舊感到懼怕，想要徹底消滅痲風。

該年五月，雲南省永仁縣委召開區、鄉負責幹部會議，一位幹部就在會議上提出：「四區痲瘋病院的痲瘋病人，經常出來洗澡亂跑，羣眾反映不好，並要求燒掉。」雖然縣委書記說「不能燒」，但其他幹部們還是決定採取行動。

他們為了不走漏消息，就以開會名義欺騙一般群眾攜帶柴草及武器到鄉上集合。

等到六月十七日那天群眾集中後，才說明是要燒痲風患者。然後，鄉幹部又到痲風病院，以救濟為名，召集全體痲風病人，等到鄉民兵到達後，便放起火來。總計，燒殺了一百一十名痲風患者。

這個可怕的事件，起因於民眾過度恐懼而群起對付痲風患者，無視於法律規範。而本來應該是保障所有人的法律規範，在集體的恐懼之下，也沒有發揮作用，任由群眾為所欲為。

到了一九八〇年代，中國西南地區仍有類似事件發生，只是程度不如燒掉一百一十位痲風患者那麼可怕。時至今日，也許痲風患者已不至於遭到殺害，但主流社會仍然可能基於恐懼，明顯排除痲風患者和他們的子女。

例如，在四川省涼山州仍有許多長年被隔離的患者，他們的子孫也在痲風村中長大，長期沒有戶口。大約十年前，在民間援助組織的努力下，患者子孫才終於有了戶口，但仍舊無法上學，因為一般學校不願接受痲風村的孩子就讀。即使後來外來組織幫忙改建學校，讓痲風村的子女得以就學，但這個接受援助的義務教育，仍然是被區隔出來的特殊管道。[12]

今日尚且如此，可以想見法律與人權意識更無保障的時候，人們對麻風的文化偏見與恐懼歧視，可能造成多大的傷害。社會恐懼不只可能超越法律規範，甚至可能影響政策，讓政策朝向不必要的方向發展。

中國在一九五〇年代所開展的大規模麻風隔離政策，就是一個例子。最初，隔離政策的要求是只需要隔離具有傳染性的病人，但當時要區辨具有傳染性和沒有傳染性的患者，有些地方難以做到，因為有人力與技術能力上的限制。不過，最主要的限制，還是社會心理，民眾的恐懼與歧視，讓區辨輕重症狀的基本意願都沒有了。

一九五〇年代末，中國正式開始邁入集體化時期的人民公社生活型態。到了一九五九年，全中國農村共有三百九十一萬九千個公共食堂，四億名中國人在公共食堂吃飯。這就出現問題了，沒有人願意和麻風患者一起吃大鍋飯。

就是在這樣邁向集體公社制度的時代背景下，中國廣建麻風聚落以大規模隔離麻風患者，政策發展與國際趨勢逆向而行。

如前一章提及，一九五八年，第七屆國際麻風大會在日本東京召開，正式提出反隔離宣言。此後，雖然世界各國改變政策的速度不一樣，但都朝向陸續廢除隔離制度或不再隔離新病人的做法。

將國際趨勢與中國情境比較起來，我們可以清楚地看到，當時的中國之所以與國際潮流相反，並不是基於醫療專業的建議，主要是配合集體化的政治運動，以及眾人的恐懼。

於是，從一九五〇年代到一九八〇年代，中國的強制隔離政策就這樣維持了近三十年。直到一九八〇年後，世界衛生組織推出治療痲風更為有效的新興「聯合化療」，中國也在一九八七年開始全國推廣採用新療法，因為效果很好，就順勢取消了強制隔離的政策。也就是不再隔離新發現的患者，改為所謂的「社會治療」，即定點的現場治療，或者在家治療。

只是，社會的恐懼與歧視，仍然可能超越政策規範，有時患者依舊難以逃脫社會偏見下的強制隔離。

二〇一一年，我拜訪陝西的漢中療養院，在那裡遇見一名剛住進來的新病患，他一副悶悶不樂的樣子，和大夥聊天也沒有笑容，他一直抱怨老家的村長硬是把他送進來。坐他身旁的老病友告訴我：「他進來半年了，沒笑過。心情不好……」我很好奇，問大家：「不是現在都不強制隔離了嗎？為什麼可以強迫人進來？」那位新病患仍是臉色凝重，不發一語。坐在一旁經常安慰他的老大哥回我的話：「都嫌他。」因為眾人的排斥，村長就運用權力逼他進入痲風病院。

以上提到的痲風案例，[13]不論是很久以前還是近年，都指出了衛生治理中「個人」與「公共」的權利拉鋸。而且，新的政策可能要耗費相當時間，才有可能改變過去政策所造成的慣性思維與負面影響。公衛政策的推行，不可不慎。

以愛滋為鏡的反省

我再以一九八〇年代初期爆發的愛滋為例，討論美國對於公衛手段與個人權利的反省。[14]

一九八〇年代初期爆發的愛滋，引爆美國等民主國家對於公衛倫理的反省。初始，許多國家都在思考的一個根本問題便是：歷史上對致命傳染病的處置方式，能否提供世人教訓，讓眾人思考該如何應對愛滋這個新興疫病？

所謂的歷史教訓，大致上指的就是在二十世紀上半葉以前，許多被視為威脅公共衛生的傳染病患，包括痲風患者，經常面臨強制檢驗、登記在案、強制治療、禁止生育、甚至強迫隔離等待遇，完全漠視個人的尊嚴和權利保障。

二十世紀下半葉末期愛滋爆發之際，有些歐美國家的基督教保守團體，呼籲恢復這些當時已被認為過時的公衛手段；不過，反對恢復這些手段的維權人士，則擔心愛滋汙名會影響感染者的生計與生存，認為強制手段反而可能讓感染者因為害怕被貼上汙名標籤，而躲避檢疫和治療，這樣就更不利於防疫。

於是，一九八〇年代，爭取感染者權益的一派，成功地改變通報急性傳染病患者姓名的要求，對公民隱私與自由的重視暫居上風。

然而，到了一九九一年，舊有的性病防疫通報措施，又成為愛滋政策的主流。公衛對於集體的關注，再度高於個人隱私和自由。愛滋通報引發的人權疑慮，時有改善，但未曾停歇。

公衛手段與個人權利之間的張力，一直是處於拉扯的狀態。所幸，偶爾人類終究還是能從歷史中學到一些教訓。

於是，在許多國家中，我們可以看到，儘管仍然採取通報感染者的姓名，但同時也會制定法律，來規範衛政機關與相關人員不得洩漏患者的個人資訊，而且必須提供治療和盡可能保障個人隱私，以盡量降低公衛對於個人權利的損害。

這些關於公衛與人權的辯論，說明了一個社會事實，那就是，在此起彼落的爭辯與政策中，不論當前決定如何，非主流的、不同意見的聲音其實一直都在。那些原本不受重視的聲音，也可能在某個時刻，當人們願意瞭解過去的經驗時，被重新拿出來討論。這就是歷史反省的意義了。

以公共之名的疑慮

從古至今，社會對疫病的過度反應可謂常態，世人一再重複歷史錯誤，而且都是以公共之名為之。

不論是一九五〇年代的中國麻風防治、二十世紀美國的愛滋病、二〇〇三年爆發的SARS、還是二〇一九年在武漢出現的新冠肺炎疫情，在中國與世界各地，由於不瞭解疫病而產生的不確定風險，慌亂的防疫及社會論述，造成侵害個人權利與自由的現象層出不窮。

在世界各地，媒體報導中常見因COVID-19疫情恐慌而出現人權未獲保障或遭受侵害的現象，例如，在疫情嚴峻時仍須付出勞動力的工作者的安全問題，包括醫療人員、清潔工人、超市收銀員、大眾運輸工具的駕駛員等，還有弱勢者的生存困境，包括獨居者、身心障礙者、需要照護的老人及其家庭照護者等。如紐約一名八十六歲的老太太去醫院排隊就診時，只因忽略了保持「社交距離」，被一旁過度緊張、有精神病史的患者毆打致死。[15]在中國，一名男童和爺爺獨自隔離在家，配合輿論「不添亂」的要求，某日爺爺在浴室突然昏厥，男童聽爺爺的話「外面有病毒，不能出去」，沒有向外求助，而是獨自在家吃了幾天餅乾維生，直到社區人員上門排查，才發現悲劇。[16]

臺灣的疫情相對其他國家平安許多，但防疫期間因為各種形式的「隔離」措施，更精準地說主要是因應「社交距離」而來的各種人際隔離要求，造成社會中隱藏的問題其實也不少。舉例而言，一般里長辦公室或社區常有的日間照顧等活動，是提供長期家庭照顧者的喘息服務，不論照顧的是失智者、憂鬱者、需要復健者，也讓病人有與其他人互動社交的機會。這些活動在防疫期間全部停擺，病人和照顧者只得長待家中，獲得外界協助的機會驟減，照護者因身心壓力加劇而導致憂鬱症之事時有聽聞。此外，我也聽聞防疫期間急性精神病患者增加不少。

這些日常生活的防疫與人權細節，很少受到關注。而牽涉到大數據的防疫與人權原則，也不見得能獲得注意。例如，使用電子科技做為防疫接觸追蹤而有待思考的法律與倫理爭議、以健保卡勾稽旅遊史的隱私疑慮等。[17]

所幸，不論是細節還是原則，在世界各地，都有重視法治人權的團體或個人，呼籲監督政府、提醒社會注意。[18]比如，在什麼樣的情況下，國家可以保障社會安全之名，追蹤和強制隔離傳染病患者？患者若是配合要求接受隔離，公衛必須提供他什麼個人權利的保障？這些難題的決策是否能夠進行社會辯論？在歐美，這些人權關注已是學術界關於COVID-19疫情的重要研究議題。在臺灣，也有學者陸續開展這方面的正式研究。[19]

一個尊重法治制度且具備人權意識的社會，得以在歷史的經驗與當下的錯誤中不斷學習調整。讓我再舉一個美國案例說明。二〇一七年一位美國護士加入「無國界醫師組織」，遠赴非洲救援伊波拉患者。未料她返美後即被強制隔離，她便提起訴訟，指控紐澤西地方政府違反人權。最後，雖然法院判決控訴不成立，認為公衛當局有權在此情況下短期隔離她，但判決也確認強調被隔離者仍應享有諸多權利，包括諮詢律師與對外聯繫等權利。

同樣的，這一次的新冠病毒疫情中，如臺灣、新加坡等國家提供強制短期隔離檢疫的經費補貼，以減緩接受隔離者基於公共衛生的需要而遭受的損失。只是，臺灣對於被補貼者仍有明顯的身分區隔，以「居留證」為標準，結果便是外籍生可獲得每日一千元的防疫旅館補貼，沒有居留證的港澳新生未予補助，陸生則是一律沒有補助。[20]

討論至此，再回到我的最初提問。事實上，所謂的「公共」，並不是只有一個定義，而是可能有很多不同的定義，就看人群的界線要如何劃分：是要把圈圈畫得很大，以包容各式各樣社會位置的人？還是要把圈圈畫得很小，只包含同一種性質或利益的人在內？

以「公共」之名而行的政策，關鍵就在於該政策理念所在意的「公共」人群定義。

例如，主要關切的是「生病的人」還是「沒有生病的人」？「城市居民」還是「鄉村居民」？「自己人」還是「所有人」？或者，像社區居民、民間組織、醫療人員、政府官員等不同立場者，他們各自在意的目標與權利如果有所衝突時，該如何平衡？由誰拍板決策？

從這些問題來看，以「公共」之名，也可能是違反「公共」的利益。重點就在於這兩個「公共」的界定指涉不同，以及「公共」與構成公共的「個人」之間，要如何維持權利義務上的平衡。

這說明了以「公共」之名的關注裡，劃界的那把尺，不一定只會參考醫療科學的標準，政治、經濟、社會等各式因素都可能影響決策，而全都高舉「公共衛生」的防疫大纛。

因此，謹記對個人權利的維護與保障，是我們得以信賴並配合公衛措施的社會基礎，有了這樣的基礎，眾人即使同意公衛在緊急時採行「例外狀態」的措施，但也不至於讓「例外狀態」成為忽視個人權利的常態。

1 劉紹華，《麻風醫生與巨變中國：後帝國實驗下的疾病隱喻與防疫歷史》（臺北：衛城，二〇一八），頁四六八。

2 維基百科臚列了各國封城的日期：https://en.wikipedia.org/wiki/COVID-19_pandemic_lockdowns。

3 COVID-19疫情中，美國CDC對何時需要隔離的說明：https://www.cdc.gov/coronavirus/2019-ncov/if-you-are-sick/isolation.html。

4 COVID-19疫情中，美國CDC對何時需要檢疫的說明：https://www.cdc.gov/coronavirus/2019-ncov/if-you-are-sick/quarantine.html。

5 李濠仲，《紐約暫停記》（臺北：春山，二〇二〇）。

6 郭晶，《武漢封城日記》（臺北：聯經，二〇二〇），頁五三。

7〈「來自武漢」竟被鐵條封死在家中　網友怒轟：人性呢？〉，聯合新聞網，二〇二〇年一月三十日，https://udn.com/news/story/120936/4312609。

8 胡慕情、呂苡榕，〈倫理的難題：防疫、政治與替罪羊〉，鏡週刊Mirror Media，二〇二〇年四月十一日，https://www.mirrormedia.mg/story/20200409cul007/。

9 尼克等著，《返家：湖北武漢受困台灣人封城逃疫記》（臺北：時報，二〇二〇），頁七六。

10 https://www.ttv.com.tw/news/view/10903170011100N/568，二〇二〇年八月再度查詢時，這則新聞已被撤下；另行參考：李鴻典，〈高中生遊希臘確診　醫師籲不要肉搜、提醒全球都是疫區〉，三立新聞網，二〇二〇年三月十六日，https://www.setn.com/News.aspx?NewsID=708281&fb_comment_id=4042527215765060_4042733882411060h。

11〈磐石艦染疫讓地方首長紛紛「逆時中」　上摩鐵、找女友足跡全都露〉，蘋果新聞網，二〇二〇年四月二十六日，https://tw.appledaily.com/life/20200426/CKKA5SC6DRS5YTQ3RNQAU2VHEU/。

12 張平宜，《台灣娘子上涼山：愛的長征——擁抱被麻風烙印的小孩》（臺北：大塊文化，二〇一〇）。

13 劉紹華，《麻風醫生與巨變中國》，頁三九九。

14 劉紹華，《麻風醫生與巨變中國》，頁四六九。

15 李濠仲，《紐約暫停記》，頁九八。

16 郭晶，《武漢封城日記》，頁二八三。

17 周宇修，〈防疫與人權只能二擇一嗎？〉，台灣人權促進會，二〇二〇年五月六日，https://www.tahr.org.tw/news/2659；龔雋幃，〈台灣大數據防疫解密：效率與風險之間，如何做到鋼索平衡？〉，端傳媒，二〇二〇年七月十九日，https://theinitium.com/article/20200720-taiwan-big-data-analytics/?fbclid=IwAR3Xh-HvZbHBMJuO3inxPRi1ykT3fWlc25RaXAjyUCn8Ta0NaiUccmWm2vo。

18 "Human Rights Dimensions of COVID-19 Response," Human Rights Watch, March 19, 2020, https://www.hrw.org/news/2020/03/19/human-rights-dimensions-covid-19-response. 另外，「台灣人權促進會」和「亞洲民主紀事」（Asia Democracy Chronicles）兩個組織都有許多疫情人權的討論：https://www.tahr.org.tw/term/707，https://adnasia.org/demchronicles/。

19 黃于玲、羅承宗，〈新型冠狀肺炎（COVID-19）防疫接觸追蹤之法律與倫理議題初探〉，待刊稿。

20 李侑珊，〈陸生0元！境外生來台補助條件不一　私校批有失公允〉，中時新聞網，二〇二〇年七月二十四日，https://www.chinatimes.com/realtimenews/20200724002352-260405?chdtv。

第三章

公衛倫理

歷史經常循環，也不斷提醒世人經驗教訓。醫療衛生倫理之所以成為法律或專業規範，正是基於古往今來的科學研究者在探索新知時，社會須加以約束監督之故。

大約十多年前，臺灣正開始討論人文社會科學研究倫理審查制度的建置。一位當時在臺訪問的中國學者旁聽了相關討論後，私下問我：「你們一直講的研究倫理，『倫理』是什麼？」我簡單說明是一種研究規範，他則又問：「那不是『道德』嗎？」

這位中國學者不解的是學術界通稱的「倫理審查委員會」，即IRB（Institutional Review Board）制度。那時，其實不少臺灣學者也不熟悉這個制度，但尚不至於無法區分「道德」與「專業倫理」的差異。臺灣於二〇〇二年正式推動專業倫理規範，先提出生物醫學研究的《人體研究法草案》，二〇〇七年開始公布包含社會與行為科學在內的《人體研究倫理政策指引》。

如今，多數臺灣學者和申請過研究倫理審查的學生對IRB制度都已有親歷經驗。但一般而言，社會大眾對此仍不熟悉。不過，二〇二〇年八月底彰化縣衛生局和臺大公共衛生學院合作的「萬人血清抗體檢測」成果公布前後，對此計畫是防疫公務還是學術研究的法律或倫理爭議不斷。一時之間，「研究倫理」或「IRB」的討論突然浮上社會檯面，這是以往少見的現象。

大型的新興疫情當前，不論是基於防疫目的、探索新知或國家發展等動機，世界各國的研究者一定都想把握機會參與研究。像中國這個新冠疾病源起的疫情大國，更是傾用全力投入各式研究。只是，在中國，儘管研究也可能引發爭議，但社會對倫理規範則更感到陌生，而難以在檯面上討論了。

中國與世界各地相比起來，對於區別道德與專業倫理的差異，以及ＩＲＢ制度的發展，起步較晚。在中國，直到二〇一六年九月三十日，《涉及人的生物醫學研究倫理審查辦法》才經國家衛生和計劃生育委員會委主任會議討論通過，當年十二月一日正式施行。[1]

在此之前，中國科學院關注與討論的主要是「科學道德與學風建設」之類的議題，例如剽竊、抄襲、造假等不當個人行為。這些「科學道德」的問題一般是屬於學術社群內部倫理的範圍，與國際上討論的研究倫理規範仍有相當差異。

國際上討論的研究倫理，重視的主要是研究的公共性、對於研究對象的保護、或研究者是否具有利益衝突等問題，也就是說，研究倫理是學術社群進行研究時對於社會的倫理責任。

二〇一六年，中國在國家的層級上，終於正式制定了針對生物醫學研究的倫理規範，但關於社會與行為科學的規範至今仍未成形，而學科內部的倫理守則制定也普遍缺乏。換言之，專業研究倫理的討論在中國才開始未久，尚未成為專業訓練的基礎要求，以至於學者都不見得能夠區分「道德」和專業「倫理」，遑論社會大眾能以此評斷監督研究者了。

前一章提及當公共衛生中的「個人」與「公共」之間出現張力衝突，該如何保障社會與個人的權利時，強調的是人權的法律保障；這裡要討論的，就是另一種保障機制，即醫療衛生在專業倫理上的責任與規範。

什麼是公衛倫理？

我們經常將醫療衛生放在一起言說，當成同一回事。但實際上，以集體人口為關注目標的公共衛生，和以治療個體為主的臨床醫療有所不同。公衛政策雖然也與臨床醫療密切相關，但仍是術業有所分工的不同專業。

武漢爆發新冠病毒疫情之初，大量的患者湧入醫院，不少醫師就對外呼籲，他們的專業是臨床診治，亟需公衛專家在醫院和社區現場進行防疫處置。疫病控制的政策規劃，不論是緊急疫情調查、分級與隔離病人、醫院動線調整、醫護人員的安全措施教育等，都需要公衛防疫的專業協助。武漢疫情之初，只是將醫療人員推到大型的公衛危機之前，導致患者與醫療人員都曝露於未經防疫規劃的高風險之下，許多醫護人員就在這樣的險境中傷亡了。

規模就是兩個專業的關鍵差異。當傳染病的醫療負擔達到大型公衛的規模程度時，當中涉及的問題，不僅是臨床醫療設備、人力與能力的問題，更是公衛的人群治理問題。是以，國際公衛專家很早之前就說過：公衛人員是在由政治力量所主導的公共領域中工作。也就是說，公共衛生這種專業的權力與特性，不只與醫療知識有關，與政治理念和體制更是密切相關，也受到社會道德與法律規範的影響。[2]

因此，在一個公共衛生已成熟專業化的國家，除了法律外，要能夠約束對集體人口實施衛生措施的公衛專家，還須仰賴醫療衛生專業的自覺與自律，也就是專業倫理。而將專業倫理制度化為具有法律或體制規範地位的，便是IRB「倫理審查委員會」。

二戰後，國際上才正式開始討論醫療衛生的專業倫理，美國則是最早建立醫療衛生的倫理審查制度。一九七四年，美國國會通過《國家研究法》（*National Research Act*），並成立「美國全國生物及行為研究人體受試者保護委員會」（The National Commission for the Protection of Human Subjects of Biomedical and Behavioral Research）。之所以建立這些規範，是因為政府或醫療衛生專業者的行為意圖，不一定稱得上良善，必須有所監督約束。

促成醫療衛生專業倫理制定與審查的歷史背景中，許多事件如今看來皆不堪回首。例如，一九四五年十一月開始在德國公開的紐倫堡大審，其中亦包括審判納粹於二戰時對猶太人、吉普賽人、同性戀者、殘疾人士、戰俘等進行不人道的臨床實驗，折磨並導致大量人類死亡。紐倫堡大審讓世人反省而推出《紐倫堡守則》（*The Nuremberg Code*），強調研究必須在受試者自願的情況下才能進行，也就是「知情同意」，醫療研究並不能以探索新知的名義而傷害人的福祉。

而直接催生IRB制度問世的推手，同樣沾滿血淚，出自一個美國公衛史上的大醜聞。

一九三二年開始，美國政府對非洲裔公民（也就是「黑人」）進行一項梅毒實驗，稱之為「塔斯基吉研究」（Tuskegee Study）。塔斯基吉位於美國南方阿拉巴馬州的梅肯縣

（Macon County），那裡的黑人族群眾多，占人口比例八二%。美國公衛署（United States Public Health Service）在此進行梅毒的病理觀察實驗。公衛署最初的目的是要研究黑人族群的梅毒治療方案，以改善非裔人口的健康。[3]

當時，治療梅毒等性病的特效藥青黴素尚未發現，直到二戰期間才得以量產青黴素。在此之前，世界各國都飽受梅毒、淋病之苦。例如，一九二五年，丹麥的梅毒患者占全國人口比例的千分之六．七；蘇聯的梅毒患者則占農村人口的六成五之多。中國亦不例外，估計城市居民的感染率為五%，有些少數民族地區的發生率甚至可能超過十%。而在美國，一九二〇、三〇年代，便有超過六十四萬名梅毒患者，在常見的公衛問題中，梅毒名列一二。[4]

梅毒感染人數如此之多，可以想像在沒有便宜特效藥的年代，治療控制的費用一定非常龐大。塔斯基吉梅毒控制示範計畫，即因經費中斷而無法繼續。但是，公衛署負責此計畫的克拉克醫師（Taliaferro Clark），「腦中突然浮現一個想法，阿拉巴馬社區為未治療梅毒之效應的研究提供了千載難逢的機會。」[5]克拉克想像，計畫已招募到眾多受試者，若是能持續追蹤觀察未經治療的梅毒臨床症狀發展，可能對於醫學科學有所助益。

克拉克積極把握這個「前所未有的」、「現成的機會」，[6]將他的研究靈感發展成為針對黑人男性進行「不治療梅毒」的塔斯基吉研究。實驗期間原本設計為六個月到一年，最後竟長達了四十年，是醫學史上最長期的非治療性人體實驗。

塔斯基吉研究觀察黑人梅毒患者的身體反應，一共招募了六百名貧窮黑人男性當作實驗對象，包括三九九名的梅毒患者，和二〇一名的健康男子。更糟糕的是，即使一九四五年後青黴素已是普遍有效的梅毒治療藥物，實驗者卻依然不提供治療，甚至阻止受試者尋求治療，以免影響實驗。直到一九七二年，美聯社（Associated Press）記者揭露了這個醜聞，引起廣大輿論批評，研究才終於畫下句點。

雖然塔斯基吉研究一開始就有「種族偏見」的問題，但這並不是它最大的問題。更大的問題是，這個醫療衛生的計畫後來改變了研究目標，也延長研究時程，卻沒有受到該有的監督與規範。

塔斯基吉研究在歷史上影響很大，似乎唯一的正面效應，就是催生出監督審查專業醫療公衛研究與作為的機制。此研究終止後兩年，一九七四年，美國國會通過《國家研究法》，規定所有由國家資助的研究機構都必須成立內部的「人體試驗委員會」（即ＩＲＢ），來評審生物醫療研究是否符合倫理。研究計畫書必須說明研究方法，以及預估對於研究對象可能帶來的風險及副作用。

這個通稱為「生物醫學ＩＲＢ」的機制，後來也影響美國人文社會科學的研究規範建置，甚至擴及影響全球多國專業學科的研究倫理規範，包括前面提到的臺灣生物醫學和人文社會科學ＩＲＢ，以及中國的《涉及人的生物醫學研究倫理審查辦法》。

如今，ＩＲＢ的機制已成為國際上評斷某國研究成果的重要標準之一，由各國內部的專業機構如大學、醫院等自設。這個機制是否存在、品質如何，也是評量一個國家及其專業社群對於公眾福祉權利重視程度的核心指標。

中國公衛倫理的困境

本世紀之交時，中國面臨的最大公衛危機，就是愛滋病。世界衛生組織於一九九五年協助中國在二十三省設立四十二處愛滋監測站，二〇〇二年監測站的數量增加至一五八處，遍及三十一省。二〇〇〇年後中國更是大規模地開展愛滋的研究與防治。當年最大的國際合作計畫、由英國政府國際發展部門資助的「中英項目」正式啟動，而全球對抗愛滋、結核和瘧疾最重要的「全球基金」（The Global Fund），於二〇〇五年開始在中國運作。同一年，美國製藥業龍頭默克集團（Merck，中國譯為「默沙東」），也與中國衛生部簽訂合約。這些只是國際投入中國愛滋援助或研究的部分例子。[7]

如今回顧，值得思考的是，當年中國仍缺乏國家制定的專業倫理規範與審查機制，這些國際計畫是如何在中國以援助或合作之名執行調查研究？我於二〇〇二年正式進入中國展開愛滋的相關研究。那些年間，我常聽聞關於愛滋計畫的各種問題，像是非法抽血等。[8]諸多的執行面問題，除非見諸媒體或研究論文，不然，外界難以窺見箇中內幕。以下我只能根據田野研究的有限經驗，以蠡測海，推測當時在中國，公衛倫理可能面臨的困境。

在國際上，不論是關於愛滋的臨床研究或介入研究，不傷害、知情同意等倫理考量是基本規範。但是，當時中國尚未發布國家制定的專業倫理規範或審查制度，因此，在世紀之交，有些醫療機構自行設置了內部倫理委員會，以因應國際合作需求。

國際合作或贊助計畫要求中國的合作方符合倫理審查規範。全球許多著名大學和藥物公司在中國幾乎都占有研究合作的地盤，合作對象是中國的政府部門、大學、個別學者或學生。我們先暫且不論國際研究者在中國的行為是否有違倫理，[9] 眾多的當地學者或研究生在中國各地進行研究時，由於其專業養成中普遍缺乏研究倫理規範的訓練，在此情況下，被研究對象的權益能獲得保障嗎？沒有實質的專業倫理規範、社會缺乏權利認識，即使出現有違倫理的情形，大概也很難被看見、揭露、乃至檢討了。

於是，當年中國機構的常見做法是，至少在形式上配合規範要求。舉個小案例。二〇〇一年在中國西南地區，最重要的愛滋防治計畫就是「中英項目」，規模大於當時中國政府自行提撥經費防治的愛滋計畫。中英計畫要求中方在執行愛滋或毒品防制時，須獲得參與者的知情同意。於是，四川省涼山州的計畫工作者，為了配合國際要求，在發放物資時，便要求愛滋感染者簽署知情同意書。

只是，當年那裡的少數民族鄉民大多不識漢字。於是，工作人員就找人代為簽名，再讓感染者蓋上指印，當地農民就把這份同意書叫作「愛滋收據」。這個形式大於實質意義的愛滋收據，對於不識字的感染者毫無意義，卻成為吸毒者或毒販借去躲過牢獄之災的「愛滋證明」，因為非常害怕愛滋的監獄也不敢收容他們了。[10]

這個案例如今也許可以當作笑話視之。不過，接下來要討論的眼前案例，則突顯出更大的倫理問題。

新冠病毒疫情下的公衛倫理危機

美國公共衛生學會（American Public Health Association）於二〇〇二年採用的《專業倫理規範》（*Principles of the Ethical Practice of Public Health*），列出了公衛從業人員與學者應遵循的十二條倫理實作原則，[11] 其中第七條原則說明，「公共衛生機構應根據其所掌握的訊息，在公眾賦予的資源與權力下及時行動。」也就是說，掌握資訊後，要及時採取行動，以保障公眾福祉，才符合公衛倫理。

這點出了觀察新冠疫情之初中國公衛倫理的一個關鍵面向。從此原則出發，來看COVID-19全球最早的文章發表，我有兩個思考：一是回顧現況，二要前瞻未來。

先來回顧現況。

二〇二〇年一月二十四日，也就是武漢封城翌日，國際知名的醫療期刊《刺胳針》（*The Lancet*），刊登了全球首篇關於湖北新冠肺炎疫情的文章。兩天後，一月二十六日，《科學》（*Science*）期刊登出第二篇相關論文。之後，根據《自然》（*Nature*）期刊的報導，在一月三十日之前，也就是《刺胳針》文章發表後一週內，至少已有五十四篇關於新型肺炎疫情的英文文章發表，其中超過三十篇是網上未定稿本（preprint），其他則多是在《刺胳針》或《醫學病毒學雜誌》（*Journal of Medical Virology*）等同儕審查的刊物發表。[12] 這些文章的作者很多都是中國研究者，當中多為第一線醫療人員、疾病控制中心的研究人員等。[13]

相較之下，若透過中國主要的研究資料庫查詢，如中國知網和萬方數據，直至二〇二〇年二月三日為止，只有二十三篇與新冠肺炎有關的中文文章。[14] 英文和中文的文章數量明顯落差，造成此現象的可能因素很多，常見的評論臆測如：新興疫病的國際合作需求、國際論文發表的績效主義思維、政治障礙導致專家無法公開疫情而只好求助國際學術管道等。在此，我想聚焦討論的是公衛資訊和及時行動的倫理思考。

《刺胳針》刊登的第一篇論文，認為首名患者的發病時間為二〇一九年十二月一日，早於武漢官方通報的最早發病日期二〇一九年十二月八日。而在二〇二〇年一月二十日，中國工程院院士鍾南山表示病毒「可能人傳人」之後，中國的防疫動作大幅提升，三日內武漢即封城。也就是說，一月二十四日《刺胳針》那篇破天荒的論文投稿刊登前，主要的專家作者應該就已掌握了病毒疫情的重要訊息。

是以，文章刊出後，中國境內輿論譁然。諸多國際專家也表示，雖然科學資料在國際期刊發表有助於全球掌握疫情，資訊公開共享交流亦符合全球利益，但是，攸關當地公眾利益的重大公衛資訊，如果可以在第一時間就用於公衛決策，而非投稿期刊，理應更有助於初期防疫。

換言之，這篇文章突顯了掌握資訊後是否「及時行動」的公衛倫理原則爭議。我無法根據有限資訊就此論定文章作者必定欠缺倫理。但值得思考的是，如果國家法規、專業領域與社會大眾都缺乏倫理敏感和監督機制，加上政治中央集權，無論個別專業人員有多優秀，要達成倫理目標絕非易事。

研究倫理的未來式？

新冠病毒從武漢開始全球蔓延，疫情至今仍發展未歇，未來回顧《刺胳針》的第一篇肺炎疫情論文，是否可能出現不一樣的詮釋意涵？

我有此一問，是因為這篇文章和後來陡升的文章數量顯示，COVID-19似乎正在改變全球科學界分享研究的方式。[15]

中國於二〇二〇年一月十日將新冠病毒的基因序列上傳網路至「全球共享流感數據倡議組織」（Global Initiative on Sharing All Influenza Data, GISAID），此後，全球科學家都積極共享、使用、分析各地新冠病毒、疫情與研究方法的公開資料。這回新冠病毒疫情中公開共享資訊的速度與規模，是史無前例的現象。

諸多重要的國際醫學期刊也加緊縮短投稿的審查時間，以利資訊快速流通分享。例如，審查一向耗時費日的《新英格蘭醫學雜誌》（*The New England Journal of Medicine*），就曾於四十八小時內完成審查並刊出投稿論文。[16]甚至，新興疫病也讓未經嚴謹審查的未定稿本成為廣泛接受的論文刊登形式，加速新知分享，儘管偶爾出現資訊錯誤的問題。[17]

前行政院副院長陳其邁等十二名作者，也以鑽石公主號為例，將我國大數據防疫的「臺灣模式」撰寫成論文，投稿刊登於二〇二〇年五月出版的英文期刊《醫學網路研究》（*Journal of Medical Internet Research*）。[18]

這篇文章也曾引起爭議。大致的論點為，政府基於疫病監測所獲得的公衛資訊，如鑽石公主號的感染者足跡與廣大民眾的通訊資料，不宜直接轉換為流行病學的研究材料，如此有違公衛防疫和研究應該有所區別的倫理原則。[19]進一步來看，這也呈現出「與國際快速共享資訊」和「對內是否符合公衛或研究倫理」的張力。

歷史經常循環，也不斷提醒世人經驗教訓。醫療衛生倫理之所以成為法律或專業規範，正是基於古往今來的科學研究者在探索新知時，社會須加以約束監督之故。克拉克醫師由衷生出「千載難逢的機會」之情，也浮現在對中國農民抽血以進行基因研究的哈佛大學公衛學者心中。[20]合理的想像是，面對新冠病毒這種「百年不遇」的科研吸引力，在公衛危機的情況下，疫情調查與臨床研究的倫理或法律規範若有所鬆弛，也許可謂危機下的「例外狀態」。不過，疫情中的科研競逐，是否會導致長期性的專業倫理趨勢變化，值得未來密切謹慎觀察。

1 紀凱齡，〈中國促進學術倫理規範簡介〉，科技政策觀點：Research Portal，二〇一六年一月二十九日，https://portal.stpi.narl.org.tw/index/article/10202。中國衛生和計劃生育委員會於二〇一六年改制為國家衛生健康委員會。

2 劉紹華，〈當代中國農村衛生保健典範的變遷：以合作醫療為例〉，收錄於祝平一編，《健康與社會：華人衛生新史》（臺北：聯經，二〇一三），頁二九九—三二八。

3 James H. Jones著，李宗義、陳宗延譯，《髒血：塔斯基吉梅毒實驗》（臺北：群學，二〇一七）。

4 劉紹華，《麻風醫生與巨變中國：後帝國實驗下的疾病隱喻與防疫歷史》（臺北：衛城，二〇一八），頁七七—七八。

5 James H. Jones著，李宗義、陳宗延譯，《髒血》，頁一五二。

6 James H. Jones著，李宗義、陳宗延譯，《髒血》，頁一五五。

7 劉紹華，《我的涼山兄弟：毒品、愛滋與流動青年》（臺北：群學，二〇一三），頁二七三—二七四。

8 徐彬、林谷，〈質疑艾滋藥物人體試驗：地壇醫院到底發生了什麼〉，新浪新聞，二〇〇四年四月二十二日，http://news.sina.com.cn/c/2004-04-22/09363153836.shtml?from=wap&fbclid=IwAR34RzXBzKM0DRVk2w-I76hm6Ae5i78ROe08CMGltCo_apBjy58fFBHXJYQ。

9 例如，哈佛大學公衛學院學者在中國安徽省農村進行基因研究，採血行為未遵守「知情同意」的自願原則，被控違反研究倫理，二〇〇二年哈佛大學校長Lawrence H. Summers即為此公開道歉：David H. Gellis, "Summers Apologizes For Research in China," *The Harvard Crimson*, May 17, 2002, https://www.thecrimson.com/article/2002/5/17/summers-apologizes-for-research-in-china/.

10 劉紹華，《我的涼山兄弟》，頁二四四。

11 Public Health Leadership Society, "Principles of the Ethical Practice of Public Health," https://www.

apha.org/-/media/files/pdf/membergroups/ethics/ethics_brochure.ashx; American Public Health Association, "Public Health Code of Ethics," https://www.apha.org/-/media/files/pdf/membergroups/ethics/code_of_ethics.

12 Emma Stoye, "China coronavirus: how many papers have been published?" *Nature*, published online January 30, 2020, DOI: http://dx.doi.org/10.1038/d41586-020-00253-8.

13 Yu-Tao Xiang, Wen Li, Qinge Zhang, Yu Jin, Wen-Wang Rao, Liang-Nan Zeng, Grace K I Lok, Ines H I Chow, Teris Cheung, Brian J Hall, "Timely research papers about COVID-19 in China," *The Lancet* 395, Issue 10225 (February 29, 2020): 684-685.

14 Yu-Tao Xiang, Wen Li, Qinge Zhang, Yu Jin, Wen-Wang Rao, Liang-Nan Zeng, Grace K I Lok, Ines H I Chow, Teris Cheung, Brian J Hall, "Timely research papers about COVID-19 in China," 684-685.

15 Surya Gupta, "How COVID-19 Is Shaping the Way Scientists Share Their Work," The Wire Science, March 27, 2020, https://science.thewire.in/the-sciences/covid-19-coronavirus-pandemic-scientific-publishing-preprint-repositories-open-access/.

16 Kai Kupferschmidt, "'A completely new culture of doing research.' Coronavirus outbreak changes how scientists communicate," Science & AAAS, February 26, 2020, https://www.sciencemag.org/news/2020/02/completely-new-culture-doing-research-coronavirus-outbreak-changes-how-scientists.

17 Surya Gupta, "How COVID-19 Is Shaping the Way Scientists Share Their Work," The Wire Science, March 27, 2020, https://science.thewire.in/the-sciences/covid-19-coronavirus-pandemic-scientific-publishing-preprint-repositories-open-access/.

18 Chi-Mai Chen, Hong-Wei Jyan, Shih-Chie Chien, Hsiao-Hsuan Jen, Chen-Yang Hsu, Po-Chang Lee,

Chun-Fu Lee, Yi-Ting Yang, Meng-Yu Chen, Li-Sheng Chen, Hsiu-Hsi Chen, Chang-Chuan Chan, "Containing COVID-19 Among 627,386 Persons in Contact With the Diamond Princess Cruise Ship Passengers Who Disembarked in Taiwan: Big Data Analytics," *Journal of Medical Internet Research* 22, no. 5 (May 2020): e19540.

19 吳全峰，〈澄社評論：疫病下的研究倫理〉，蘋果新聞網，二〇二〇年七月六日，https://tw.appledaily.com/headline/20200706/KUEZUND2JJ7MZ5ZBZPBNPU2D5E/。

20 請參看注九。

第四章

世界衛生組織的歷史，
其實正是人類共同追求健康安全的逐夢史，
也是人類在逐夢過程中的政治競合史。

世界衛生組織（World Health Organization, WHO）在新冠病毒疫情中成為輿論焦點，且在國際媒體的報導中，經常和「全球衛生」（Global Health）並列提及。「全球衛生」指的是什麼？

其實，「全球衛生」並沒有一個明確定義。不過，近年來，以「全球衛生」之名的書籍、期刊、文章、課程、機構、活動等方興未艾，臺灣某些大學的醫療衛生相關院所也紛紛成立「全球衛生」學程或中心，以招收國際學生或英語授課為主。儘管各方使用此一詞彙時可能指涉有所不同，但大致是指全球化時代下，攸關全球人口健康的研究和實作，尤其強調發展中地區的醫療衛生援助，或新興傳染病的傳播和防疫。

一旦論及全球規模，世界衛生組織無疑是全球衛生的關鍵機構。事實上，「全球衛生」一詞，正是世界衛生組織於二十世紀末所提出。如今在全球衛生領域中經常可見的理念口號，「世界一體、健康一體」（One World, One Health），也是由世界衛生組織推出。

這個口號倡議整合人類、動物和環境的健康關注與生物醫學的科學知識，以促進全球一體的健康福祉。二十一世紀影響人類生存的新興重大傳染病，從愛滋、SARS、禽流感、伊波拉、MERS、新冠病毒等，都是跨物種的變異病原，人類必須重視動物和環境的存續，才能自保。

未料，二〇二〇年的COVID-19疫情，撼動了世界衛生組織追求「全球衛生」多年來的表象平衡。

美國是世界衛生組織最大的捐款者（一五．一八％），美國的「比爾和美琳達．蓋茲基金會」（Bill & Melinda Gates Foundation）位居第二（一二．一二％），其他國家所占比率相距甚遠，如英國（七．九一％）、德國（五．三三％）、韓國（一．一七％）、法國（〇．五五％）、中國大陸（〇．二一％，不含港澳）。[1] 疫情之初，美國總統川普指控世衛總幹事譚德賽（Tedros Adhanom Ghebreyesus）過於親中，抱怨美國是捐款大國卻無法制衡世衛，於是在二〇二〇年四月十四日揚言凍結世衛捐款，[2] 五月二十九日甚至宣稱美國將退出世衛。[3]

各方都認為美國不可能退出世衛，退出機制很複雜，歐洲各國也不支持美國政府的立場。不過，即使美國真的退出，在世衛的歷史上，它也並非第一個退出的大國。第一個退出的大國是蘇聯。世衛成立後隔年，一九四九年，蘇聯即因不滿美國對世衛的極力掌控，引領當時的東歐共產聯盟一起退出，一九五六年才又重返世衛。[4]

世界衛生組織的歷史，其實正是人類共同追求健康安全的逐夢史，也是人類在逐夢過程中的政治競合史。前面說過，各國的公共衛生實作，專業的背後係由政治力量所主導，全球性的公共衛生更是如此。認識世衛的歷史，有助於我們判斷全球政治脈絡，即使要選邊站，也能明白所站位置的處境。

國際共建衛生組織的漫長歷程

世界衛生組織的成立與傳染病有關，全球衛生的共識也與傳染病有關，今天這個組織的危機依舊與傳染病有關。

世衛本是一個漫長歷程的良善結果，始於十九世紀國際之間針對傳染病的防疫約定，成於二十世紀各國有志一同的通力合作，但走到二〇二〇年，在人類面臨有史以來最大的傳染病疫情之際，世衛卻似乎成為二十一世紀的全球共業。

在近來的全球疫情中，美國和中國對世衛的影響力消長，突然浮上檯面，成為不同立場者論辯的焦點。只是，權力消長中的崛起對象也許是新聞，但世衛和權力、政治的糾葛，則是歷史常態。

歷史，基於人性、理念、經濟利益與國家競合，向來不乏新瓶舊酒或舊瓶新酒之重複。

以下，我從國際衛生的角度切入，概要回顧世衛的歷史。[5]「國際衛生」的源起，大致有三個重要面向，包括：各國簽署的國際公約與共建組織、大型國際慈善組織，以及以教會為先行者的民間組織。囿於篇幅，這裡只討論國際公約與共建組織。[6]

十九世紀起，各國政府開始簽訂國際衛生公約與共建國際衛生組織，尤其是針對傳染病防疫的約定及合作。例如，一八五一年，由於歐洲霍亂疫情不斷，十二個歐洲國家在巴黎召開國際衛生會議（International Sanitary Conference），被視為第一次國際衛生合作。不過，由於當時醫學界對病源仍有所爭辯，柯霍（Robert Koch, 1843-1910）的細菌論尚未確立，以致這個會議雖然持續召開，但直至一八九二年第七次會議，才對各種檢疫需求（如航運船隻檢疫）等有所共識，並簽署第一個《國際衛生公約》（*International Sanitary Convention*）。

至於從事國際衛生工作的國際組織建置，則要等到二十世紀。先是一九〇二年，美國與拉丁美洲等國成立「泛美衛生局」（The Pan American Sanitary Bureau, PASB）。一九〇七年，十三個歐美為主的國家也於巴黎成立「國際公共衛生局」（Office International d'Hygiène Publique, OIHP），以共享流行病的資訊為目標。而後便是「國際聯盟」（League of Nations），最受重視，第一次世界大戰讓國際間渴望和平，於一九二〇年促成這個組織。

二戰時，國際聯盟崩解。戰後國際局面重整，國際公衛領袖於一九四八年正式成立「世界衛生組織」。在此之前，國際公共衛生局已於一九四六年解散，其原本的流行病部門於一九四七年一月一日併入世界衛生組織的「過渡時期委員會」（Interim Commission）。泛美衛生局則於一九四九年併入，成為世衛的美洲區域辦公室。

世界衛生組織的成立是歷史性的里程碑，以達成人類共識與合作為目標。至此，原本僅限於歐洲、美洲的國際秩序，逐漸成為世界性的秩序，但仍由歐美等工業發展先進國主導。世衛的國際衛生領導地位底定後，正式進入「國際衛生」（International Health）時期。

一九五〇年代，國際衛生的重要特徵，即為定義了健康權利的普世價值，「健康是基本人權」成為國際定見。在世界衛生組織與其他聯合國相關機構，如聯合國兒童基金會（United Nations Children's Fund, UNICEF）、聯合國開發計畫署（United Nations Development Programme, UNDP）、世界銀行（World Bank）等推動下，國際衛生成為國際上人道援助與社會發展的重要面向。

一九五〇至七〇年代的冷戰時期，是以歐美等西方國家及其同盟國為主的國際衛生鞏固時期。此時，國際衛生的發展以西方醫療科技的進展與擴張為主，由歐美工業先進國向前殖民地的新興民族國家輸出醫療模式與衛生援助，這是主流論述中的「發展」年代，也就是西方現代性近乎單向地影響第三世界的高峰年代。此一時期，發展的同義詞就是「現代化」。

值得一提的是，這個時期的世界發展模式，不僅有西方定義下的現代性趨勢，也有以蘇聯和中國為主的社會主義現代性發展模式。換言之，在世衛主導的醫療衛生發展潮流之外，另一種社會主義衛生事業同樣企圖成為世界主流，於是形成第一世界與第二世界分庭抗禮之勢，並在第三世界中競逐角力。

兩種模式傾向的消長

一九七〇至八〇年代是另一波重要的國際整合期。此時，西方先進國開始反省批判既有的發展模式，而中國也轉向改革開放政策，蘇聯的政治與經濟體制亦逐漸鬆動終至解體。冷戰期間壁壘分明的政治陣營，逐漸靠攏。

於是，世界衛生組織由原本強調醫療科技進步與單向輸出的衛生模式，逐漸轉為強調社區健康與基礎衛生（primary health），地方特性成為國際衛生介入時的重要考量因素。

簡而言之，重視社區衛生是諸多開發中國家傾向的模式，而重視醫療科技的模式則是歐美先進國家的偏好，這兩股模式的消長較勁，此後始終存在，至今猶然。

第一次的明顯消長，出現於一九七八年世界衛生組織在哈薩克斯坦阿拉木圖（Alma Ata）舉辦的國際衛生會議，這是首次以基礎衛生保健（Primary Health Care）為主軸的國際會議，會中稱許中國的「赤腳醫生」制度，認可此為發展中國家基礎社區衛生保健的可行模式。

中國在一九六〇年代展開衛生下鄉運動，由下放的醫療人員培訓當地農民或下放知識青年成為「赤腳醫生」，負責簡單的發藥、打針或衛生教育等工作。必須強調的是，阿拉木圖會議稱許的是此制度帶來的基礎衛生與社區衛生人員培訓的普及化，但並未檢視對於中國赤腳醫生制度重量不重質的批評，而且這個制度是中國特殊時期下政治運動的產物，其他國家不一定可以複製。無論如何，該次會議中發表了著名的《阿拉木圖宣言》，可謂國際衛生發展的改革先聲。繼之，一九八六年世界衛生組織的《渥太華宣言》（*Ottawa Charter for Health Promotion*），更進一步提出要於千禧年之前達成促進「全民健康」（Health For All）的目標。

只是，「Health For All」這個追求普世健康人權的口號，很快又面臨挑戰。

一九八〇年代末，全球化起飛，世界衛生組織原本強調基層公衛與健康的重心，再度轉向，轉為經濟發展的模式。簡單地說，經濟結構重整成為國際援助的重要概念架構，世界銀行、國際貨幣基金（International Monetary Fund, IMF）等國際機構的角色，在新的發展藍圖中顯得比以往更為重要，對於發展中國家的各式改革具有相當的主導力量。此外，國際大藥廠與歐美大型基金會的影響力亦與日俱增。簡言之，新自由主義也影響了國際衛生的理念與方法，醫藥科技進展與經濟發展模式肩並肩，援助者的自訂目標經常超越世衛「Health For All」的人權目標。這些都導致美國為主的工業先進國和發展中國家的緊張關係。

在全球化的時代變遷下，世界衛生組織在國際衛生的領銜角色愈來愈弱，而世界銀行等機構、以及美國疾病管制預防中心（Centers for Disease Control and Prevention, CDC）對國際衛生的影響，尤其是新興傳染病的介入，愈形重要。一九九八年日本代表中島宏（Hiroshi Nakajima）擔任世衛總幹事，弱勢領導加上預算問題，遭受世界銀行、美國政府等批評質疑，主要捐款者又跳過世衛管理，直接介入其所贊助之計畫，無異於挑戰了世衛的領導正當性。各種問題讓世衛的功能更受質疑。國際衛生的發展明顯受限，超國家的國際組織愈來愈難以突破主權國家的政治界限。

就在這波世紀之交的危機中，世界衛生組織的重心又開始轉變。

全球衛生與新興傳染病

隨著全球化趨勢加深與擴張，新興傳染病流行加上組織危機，世界衛生組織於一九九八年左右以「全球衛生」取代先前的「國際衛生」，針對舊目標提出新論述或新做法，再度關注成立之初即重視的傳染病防治，如瘧疾、肺結核等，以及疫苗防疫，更將焦點放在新興傳染病。

愛滋便是全球化時代最早受到世人矚目的新興傳染病。二〇〇〇年，美國總統柯林頓宣稱愛滋是美國國家安全問題，將跨國傳染病的問題提升至威脅美國的政治位階，這樣由總統公開界定疾病的做法，史無前例。同一年，《紐約時報》大幅報導中國河南省不當的血漿經濟（賣血），導致愛滋病毒快速蔓延。

繼愛滋之後，二〇〇三年SARS疫情突然從中國廣東省爆發。此外，國際醫療專家也擔憂禽流感可能引發全球大流行。陸續出現的新興傳染病，讓世衛超越國家的國際組織價值與領導角色，再度受到世人重視。

五年後，世界衛生組織、聯合國糧農組織、世界動物衛生組織等國際組織，為因應日益頻繁與危急的人畜互通傳染病，於二〇〇八年提出「健康一體」的論述，之後調整口號為「世界一體、健康一體」，倡議要整合人類、動物與環境的健康關注和生物醫學的科學知識。[7]

「健康一體」的宣示立即獲得廣大迴響，諸多倡議文章與組織公告皆稱許這是重大的衛生典範變遷，國際組織紛紛投入此一志業，以「健康一體」、「世界一體」或「醫藥一體」（One Medicine）等不同組合為名的團體與計畫目標，如雨後春筍般，在歐美主導的人、獸醫療界與全球衛生領域中興起。

只是，國際學界對世衛的影響力，不盡樂觀。例如，國際政治學者史密斯（Frank Smith）二〇〇九年以SARS爆發期間的中國為例，分析中國政府對於防疫態度的改變，並非受到世衛的影響，而是源於其國內的社會壓力。以此質疑世衛最多扮演傳遞與整合訊息的功能。也就是說，所謂的全球衛生治理，依然受限於主權國家的界線與政治合作意願。

從以上簡要回顧的歷史來看，自國際衛生的時代起，不同組織與國家之間的競合、策略與主導等問題，一直是世界衛生組織的最大挑戰。每一波新興疫病的出現，都可能再次揭示疫病影響下全球權力、經濟與文化論述的較勁，以及對於國際組織主導權的競爭和正當性爭議。

世界衛生組織成立至今，從國際衛生到全球衛生的口號與實作，不論是新瓶裝舊酒，還是舊瓶裝新酒，世界各國是合作還是競爭，在時代的流轉中，傳染病是始終不變的核心挑戰，一再突顯世衛的角色意義與限制。

當世界的連帶關係由鬆散並存，進入密切共生的全球化疫病時代，我們何時該跨出主權邊界以共同合作？關注哪些衛生問題？以何種理念與方式進行防疫？在此全球化時代，表面上看似有一套普世皆然的價值與架構。但實際上，我們既希望世界是平的，亦希望保有國家主權與特性。這中間的矛盾衝突，是人類必須慎重應對的挑戰。

這也正是為何當川普揚言退出世界衛生組織，美國媒體和輿論一片批評之聲，認為此舉將嚴重傷害全球衛生，且不利於美國自身，卻反而有助於中國趁隙崛起。至於川普呼籲其他國家加入他的反世衛陣營，舉足輕重的先進國家領袖皆不認同。美國主要媒體亦紛紛表示，世衛需要改革，但不能放棄。[8]

譚德賽與世衛的兩種發展模式

自COVID-19疫情之初，世衛總幹事譚德賽在華人世界似乎突然人盡皆知。不論對其評價如何，認識譚德賽的基本背景，有助於我們理解當前世衛與美國的張力衝突，以及判斷世衛等國際組織的未來局勢。

譚德賽是世界衛生組織史上第一位非洲籍總幹事，來自東非的衣索比亞，這是非洲人口次多的大國，也是非洲唯一未曾被歐洲正式殖民的國家，但仍脫離不了歐洲、美國、蘇聯的政治與經濟影響。甚至，歐美諸國在非洲的掠奪性墾殖，不僅影響非洲內戰，也造成非洲大陸農業生產的問題，導致一九八〇年代的衣索比亞大饑荒，引發全球援助進入，當時亦有臺灣團體參與援助。一九八五年，舉世傳唱的〈四海一家〉（We are the World），就是在此背景下創作出來的援非慈善歌曲，由美國歌星群聯合演唱。那一年，臺灣的歌星們也高唱中文的援非歌曲〈明天會更好〉。衣索比亞的災難讓世人反省，歐美殖民者在非洲大量墾殖、廣種經濟作物，不僅造成非洲生態環境嚴重惡化，糧食作物缺乏，甚至讓瘧疾成為非洲夢魘。

瘧疾是非洲最嚴重的流行病，導致非洲人口（尤其是孩童）的高死亡率、低生產率，醫療負擔也讓非洲的貧困雪上加霜。譚德賽曾任衣索比亞的衛生部長，是留學英國的社區健康專家，瘧疾正是他長年投入的重要公衛議題。如同諸多的非洲本地專家一樣，譚德賽也是強調基礎衛生與社區健康的永續性。[9] 這樣的立場，和歐美先進國家、比爾．蓋茲的大型基金會等以科技導向為解決疫病醫療問題的理念有所歧異。[10] 而兩種模式的差異，一直是衛生治理中的常見模式擺盪，世界衛生組織自不例外。

二〇一七年，世界衛生組織出現明顯轉變。二〇一六至二〇一七年間的總幹事選舉過程中，世衛的選舉辦法出現較為民主、透明的改革，總幹事候選人改為所有會員國代表皆可提名，所有候選人公平競選，歐美等主要國家的掌控權較以往明顯減弱。於是，在一國一票的狀況下，譚德賽從最初六名候選人中、歷經三輪投票脫穎而出，獲得所有非洲會員國代表和許多開發中國家的支持，以超高票數當選總幹事，成為第一位非洲籍的世衛領導者。[11]

非洲的處境與中國等發展中國家較為接近，一九七八年阿拉木圖會議宣揚的中國基礎衛生模式，也較為符合發展中國家的衛生促進理念。世界衛生組織向來深受國際政治競合的影響，總幹事必然亦有其偏好的政策理念，在此情況下，今日的紛紛擾擾，除了政治角力與意識形態的差異外，不同發展階段的國家所需的衛生模式傾向，也是形塑陣營之間歧見的重要因素。

總而言之，世界衛生組織並非長於真空，其發展一直伴隨著世界各國的政治角力。世衛歷史中的政治權力、經濟實力、專業治理與發展理念的互動消長，是時代流轉中交錯浮現的新舊議題。

當前的全球化更加突顯傳染病的跨國與流動性質，這使得國際之間的共識與合作更形必要，世界衛生組織自許也被期待主導全球衛生的論述和政策建議。然而，在新的時代政治架構下，世衛等國際機構能否合宜如實地提出超越國界的全球衛生治理指引，以及世界各國如何看待國家利益與國際合作，在在攸關我們對於普世價值、人類共識與政治協商的體悟和抉擇。

1 各國捐款占比，詳見世界衛生組織網站：http://open.who.int/2018-19/contributors/contributor。

2 "Coronavirus: US to halt funding to WHO, says Trump," BBC News, April 15, 2020, https://www.bbc.com/news/world-us-canada-52289056.

3 Jason Hoffman and Maegan Vazquez, "Trump announces end of US relationship with World Health Organization," CNN, May 29, 2020, https://edition.cnn.com/2020/05/29/politics/donald-trump-world-health-organization/index.html.

4 不過，當時沒有正式的退出機制，蘇聯被視為會員權利「暫停」(inactive)。Editorial, "Getting out of the World Health Organization might not be as easy as Trump thinks," *Nature* 582, Issue 7813 (June 25, 2020): 459.

5 這部分的歷史回顧主要引用自：劉紹華，〈從國際衛生到全球衛生：醫療援助的文化政治〉，收錄於劉士永、王文基主編，《東亞醫療史：殖民、性別與現代性》(臺北：聯經，二〇一七)，頁一六八—一七〇。

6 關於後兩者（大型國際慈善組織、以教會為先行者的民間組織）對國際衛生、乃至全球衛生的歷史影響，可以參考筆者已發表的論文：劉紹華，〈從國際衛生到全球衛生：醫療援助的文化政治〉，收錄於劉士永、王文基主編，《東亞醫療史》，頁一六五—一八七。

7 關於在此風潮下人醫、獸醫與環境衛生之間的異同與整合，可參考芭芭拉・奈特森赫洛維茲、凱瑟琳・鮑爾斯著，陳筱宛譯，《共病時代：醫師、獸醫師、生態學家如何合力對抗新世代的健康難題》(臺北：臉譜，二〇一三)。

8 The Editorial Board, "Don't Leave the W.H.O. Strengthen It," *The New York Times*, June 13, 2020, https://www.nytimes.com/2020/06/13/opinion/sunday/trump-world-health-organization-who.html.

9 詳見世界衛生組織網站：https://www.who.int/dg/election/tedros/en/。

10 一部近期的紀錄片，即觸及此兩種模式的討論：《帝國餘瘧》（*The Fever*），凱瑟琳娜・韋恩嘉特（Katharina Weingartner）導演，二〇一九年。不論立場如何，片中提出的問題值得思考。

11 Donald G. McNeil Jr. and Nick Cumming-Bruce, "W.H.O. Elects Ethiopia's Tedros as First Director General From Africa," *The New York Times*, May 23, 2017, https://www.nytimes.com/2017/05/23/health/tedros-world-health-organization-director-general.html; Editorial, "WHO: Director-General campaign closes amid anxiety and hope," *The Lancet* 389, Issue 10083 (May 20, 2017): 1953.

第五章

全球衛生CDC

歷史有時很弔詭，
二〇二〇年一月二十三日，
令舉世震驚的武漢封城那一天，
正是中國疾病預防控制中心成立十八週年的紀念日。

在COVID-19疫情期間，「指揮中心」大概是臺灣民眾最熟悉的政府防疫組織了。只是，如果詢問民眾，指揮中心究竟屬於哪個政府部門？是衛生福利部？行政院？還是疾病管制署？可能會出現不同的答案。

之所以令人困惑，是因為指揮中心並非一個部門，而是非常設性的任務組織。二○二○年一月二十日，我國因應新型冠狀病毒引發之肺炎疫情，疾病管制署宣布成立「嚴重特殊傳染性肺炎中央流行疫情指揮中心」，以三級開設，當時的指揮官是疾管署署長周志浩。[1]

之後，隨著疫情蔓延影響層面擴大，指揮中心逐漸升至如今的一級開設，以利跨部會整合。[2]依照往例，一級開設的疫情指揮官多由行政院副院長擔任。不過，目前的指揮官係由行政院長指派二級開設時的衛福部部長陳時中留任。在行政層級上，是比較特殊的現象。

但是，無論指揮中心的層級為何、何時設置或結束，在體制上，我國執行防疫事務最重要的政府組織，在中央應為疾病管制署，在地方則是衛生局的疾病管制科（處）。

疾病管制署隸屬於行政院衛福部，其前身是一九九九年成立的「疾病管制局」，二〇一三年組織調整為「疾病管制署」(Taiwan Centers for Disease Control)。[3]這個組織的設置以及「衛生調查訓練班」(Field Epidemiology Training Program, FETP)，都與美國的疾病管制預防中心(Centers for Disease Control and Prevention, CDC)有關。[4]SARS之後，當時的疾管局更仿效美國CDC而推動防疫醫師制度，二〇〇五年招募第一批七名防疫醫師，[5]之後陸續增加編制為三十五名，並由疾管署指派部分防疫醫師赴美國CDC和歐洲等國，接受專業的流行病學調查與防疫訓練。[6]

上一章談到全球衛生時，主要討論世界衛生組織的角色和挑戰。這裡則要聚焦於美國式的CDC，這是全球衛生中的另一要角。

自二十世紀末以來，美國CDC是世界多國成立或轉型防疫組織時的重要參考模式。僅以臺灣和中國為例，大致在同一時期，防疫體制和訓練都受到美國CDC的影響。COVID-19的爆發，不僅讓各國的防疫和決策機制都呈現一些例外狀態，也突顯出防疫體制的跨國仿效移植，會受到各國政治體制與治理模式的影響。這令許多國家檢討思考，專業常設的防疫機制在這次疫情中展現的能耐與限制為何？該如何調整轉型，才能更確實有效地應付重大新興疫病？

在首波疫情中，指揮中心、甚至專家會議的能見度高於常設的防疫機制和防疫醫師，疫情期間亦傳出數名防疫醫師離職，當年推動防疫醫師制度的前疾管局局長蘇益仁指出，「防疫醫師比較是專業角度在做事情，但一個專業的體系放進公務、官僚體系的時候，很多東西是無法依照專業的知識去判定做決定的。」[7]只是，臺灣防疫體制與決策模式的潛在問題，因疫情緩和而未突顯。

相較之下，以中國的疾病預防控制中心為例，便得以明顯呈現疫情爆發中的專業防疫機制，如何受到政府體制和政治的負面影響。中國是人口眾多的大國，疫病不斷可謂發展過程中的常態，其防疫體制的現況，不僅反映COVID-19對於防疫模式衝擊之一例，其未來動向更會影響其國內衛生治理與鄰近國家，值得我們關注。

新興疫病與疾病控制中心

歷史有時很弔詭，二〇二〇年一月二十三日，令舉世震驚的武漢封城那一天，正是中國疾病預防控制中心成立十八週年的紀念日。

中國疾病預防控制中心一般簡稱為「疾控中心」，是二〇〇〇年開始仿效美國CDC而建立的防疫機構。有趣的是，美國CDC的中心一字為複數（Centers for Disease Control and Prevention）[8]，而中國CDC的中心一字卻是單數（Chinese Center for Disease Control and Prevention）[9]。這有何差別？

美國CDC是聯邦機構，總部設於亞特蘭大，在不同地區可能設有轄屬中心，或與各州合作，以此瞭解全國各地的傳染病情況。各中心對於組成整體的疾病控制系統都很重要，所以CDC加複數。但實際上，CDC是一個整合運作的聯邦系統。

中國疾控中心的英文是單數，顯示它是「一個」最高的國家系統，在全國的疫情通報與處置上，中國疾控中心是系統的頂端。但是，中國也有地方的疾控中心，卻不是和國家疾控中心組成一個上下通聯指揮的系統。

所以，這種英文用字之別，也許顯示的正是兩國的治理文化差異，一個強調多元組成，一個重視中央集權。但其實，兩者在制度上很相似，中國疾控中心就是仿效美國CDC而建立的制度，但也表現出中國特色。

以下提到美國疾控中心時，稱之為CDC，中國疾控中心則以中文稱之。

一九九〇年代，中國擬建立一個現代的專業疾病研究與控制系統，[10]二〇〇〇年開始仿效美國的CDC制度，籌建疾控中心。美國CDC則自一九九〇年代起，積極培訓中國的公衛人員，並協助建置中國的疾控中心制度。例如，美國CDC流行病學家方騰（Robert Fontaine）在北京執行的「衛生調查訓練班」（FETP），培訓出許多日後在中國各地疾控中心的高階主管。[11]

中國疾控中心的成立與轉型，與愛滋和SARS這兩個新興傳染病有關。

二〇〇〇年，《紐約時報》大幅報導中國河南省不當的血漿經濟，導致愛滋病毒快速蔓延。全球媒體龍頭的報導讓國際組織火力全開，要求中國政府承認並應付這個巨大的傳染病危機，開放並接受國際援助以遏止疫情擴散。

二〇〇二年一月二十三日，中國疾控中心正式掛牌成立。那年暑假，聯合國愛滋病總署駐北京辦公室，公布一份二〇〇一年的評估報告，名為《愛滋病：中國的巨大危機》（*HIV/AIDS: China's Titanic Peril*）。這份世人矚目的報告發布記者會，我也在現場見證歷史。[12]那一陣子，疾控中心在中國開始忙碌起來，但是人力與經費都仍有限。二〇〇二年底至二〇〇三年初，SARS突然爆發，中國疾控中心的重要性迅速提升，一個更為快速致命的新興疫病，促成了這個新單位的專業發展。

但是，十八年後，二〇二〇年一月，新冠肺炎在武漢爆發一事公諸於世，中國疾控中心卻成為眾矢之的，海內外各方輿論都在質疑，為什麼這個醞釀已久、耗資不少的疾病防疫機構，沒有發揮預期的功能？

要認識這個機構的功能與限制，就得回顧歷史，才能理解是什麼原因影響了它的專業表現。

中國疾控中心的轉型

中國疾控中心並不是二十年前無中生有、突然冒出來的設置，也不是從美國移植一個制度過來那麼容易的事。簡單地說，中國疾控中心的前世今生，就是中國體制從蘇聯化、美國化到全球化的漫長過程，而中國政治特色是轉型過程中決定疾控中心體制角色的關鍵。

這要從一九五〇年代開始說起。

在一九五〇年代末期之前，中國的防疫機制仿效蘇聯，採取分門別類的疾病防疫站工作模式，主要的任務是傳染病防治和疫苗接種。那是個人口流動率很低的年代，傳染病主要是地方性的。

一九七八年，鄧小平宣告中國改革開放時代的到來。一九八三年，「中國預防醫學中心」成立，納入統整各種中央級的傳染病研究及防治機構。一九八六年中國預防醫學中心又更名為「中國預防醫學科學院」。

中國各級體制逐漸改變之際，也開始推動財政制度改革，逐漸出現輕忽公共衛生的趨向。一份世界衛生組織二〇〇〇年的報告指出，依據當時各國生產能力與財富等指標，評比衛生醫療照護在其財政分配上所占比例，一九一個國家中，中國排名第一八八。[13]

於是，財政能力不佳的地方政府，也難以獲得中央的經費，便將重心轉向營利事業。結果便是醫院等臨床醫療的費用直線上升，民眾的就醫成本攀高，導致相當一段時間內，「因病致貧」成為農村貧困的主要因素。至於公共衛生，除了銷售或施打疫苗可能有所收入外，其他欠缺收益的公共服務型工作，則乏人問津，導致許多曾經控制得頗有成效的傳染病捲土重來，像是血吸蟲病、性病、痲風病等，甚至也難以控制新興的愛滋病。

大致上，中國從一九五〇年代開始重視地方疾病控制，地方權責較為相稱。一九八〇年代後，傳染病的傳播規模與疫病控制的模式，都逐漸超越地方，中央的角色更為重要。世紀之交時，中國的公衛治理模式，尤其是地方疫病防治的問題，因新興疫病而更加突顯。

終於，二〇〇二年一月二十三日，中國預防醫學科學院和其他機構整併，師法美國CDC制度，組成了中國疾控中心。然後，各級地方政府的防疫站也陸續轉型成地方疾控中心，隸屬於各級政府的衛生健康委員會。

但是，剛成立的疾控中心仍然沒有獲得經費、也沒有明確的工作目標。[14] 直到二〇〇三年二月SARS疫情確認後，積弊已深的中國防疫體系問題也就跟著爆發。

SARS疫情過後，中央才又開始重視公衛防疫，投入數百億經費到防疫體系之中，讓疾控中心的監控系統與研究能量大幅提升。全國建立起一套覆蓋所有醫院乃至基層衛生中心的中國疾病預防控制資訊系統。這個系統在二〇一三年還主動監測到在上海出現的新型H7N9禽流感，並很快地破解了病毒的基因、研發出檢測試劑。這說明了中國疾控中心此時已擁有相當優秀的監測系統、專業人才與科研技術。

那麼，令人困惑的是，人才應該是愈來愈多，而隨著國際交流經驗愈來愈頻繁，技術與設備能量應該也是愈來愈先進，為何二〇一九年底在武漢出現新冠病毒時，中國疾控中心的訊息公布與疫情處置卻出現諸多混亂，導致初期疫情失控等問題？

中國疾控中心是仿效美國CDC制度，表面上看來，它和CDC一樣都沒有行政權。但實際上，中國既有的政治特色明顯影響這個美式制度在中國的運作。

中國疾控中心的特色

至少可以從三個面向來看中國特色，包括：經費預算、專業人才與國家體制，這三個特色都與有無民主監督有關。缺乏民主監督，讓中國的疾控中心制度，無法展現出美國CDC以往曾有的專業效率。

先說經費預算，這突顯的是政府治理的傾向選擇。SARS之後，防疫再度成為國家衛生治理的重點，遺憾的是，中國在二〇〇九年底又推動另一波醫療衛生改革，一般稱為「新醫改」，主要是為了解決醫療服務的品質、公平與醫病關係等問題，也就是俗稱的「看病難」、「看病貴」和「醫鬧」等問題。但是，新醫改在資源投入與績效評估時，出現量化指標常見的偏誤，影響臨床醫療與公共衛生受到重視程度的消長。

簡單地說，臨床醫療的改革績效容易量化，但是主要做為預防性質的公共衛生，在量化指標上卻有著尷尬的處境。也就是說，預防做得愈好，醫療的問題就會減少，沒有疫病的社會反而不容易讓人看見公衛的成效。所以，中國的各種防疫人員常半開玩笑半認真地自嘲，說他們的工作就像是「自毀長城」、「自砸飯碗」、「財神跟著瘟神走」，把疾病消滅了，工作也就沒了。

防疫人員這種說法並非毫無根據。以麻風病為例，辛苦的防疫人員在一九八〇年就展現了相當成功的防治成果，本來有心的防疫醫師還想繼續加把勁，提出「二十世紀末基本消滅麻風」的目標口號。但是，當政府和社會大眾都高高興興地認為，既然在整個中國的層面麻風不再是個大威脅，中央就大幅降低了麻風防治的經費預算。[15]

像這樣「防疫有成、政策忽略、疫病又起」的循環，是公衛領域中常見的政策選擇與風險盲點。這就導致第二個問題，也就是專業人才流失和人力良莠不齊。

在中國，SARS之後，疾控中心逐步取消原有的營利性收費項目，如販售或施打疫苗等，只能根據國家或地方政府的有限預算完成公衛任務。取消營利業務本意原佳，卻造成防疫人員的整體收入明顯下降，相比於臨床醫療從業人員的收入攀升，公衛防疫成了難以留住專業人才的領域。

二〇一九年六月，中國疾控中心流行病學首席科學家曾光在「中國醫改十年」研討會上指出：「近三年來，僅國家疾控中心流失的中青年骨幹計有百人之多，有些地方疾控機構人才流失可能更嚴重。」[16]中國疾控中心主任高福也曾表示，從二〇一〇到二〇一八年，中國各級疾控中心人員總數下降了三．九%，其中以執業醫師為骨幹的專業技術人員減少了十．八%。[17]曾光近來感嘆，美國CDC員工人數達二萬六千名，中國疾控制中心僅二千一百人，而且中國疾控中心的經費可能不到美國CDC的一%。[18]人力本不足、骨幹又流失，衝擊不小。

人才流失後，就得補進人力。但是，如果沒有公開透明的人事晉用標準與監督，該如何保障補進來的人力符合專業所需？

從武漢最初爆發肺炎病例的武漢市中心醫院的人事問題，可說明冰山一角。那些嚴厲譴責李文亮、艾芬等專業醫師的黨委書記蔡莉、監察科紀委書記李蜜等人，嚴重妨礙疫情的預警。連生死一線間的醫院都如此不尊重專業，何況更不受到重視的公衛領域？在地方的疾控機構，充斥許多非專業、靠關係進入的人員，人事聘用的程序缺乏專業規範與民主法律的監督機制，「重醫療輕公衛」、「專業性缺乏」等問題，侵蝕弱化了防疫能力。

第三個問題就是國家體制的文化差異。第三章提到，輿論批評疾控中心將新冠病毒最初疫情的資料，投稿國際期刊發表論文，而不是用於第一時間的預警防疫。這確實是個值得檢討的倫理問題。

然而，同樣值得思考的體制問題則是，疾控中心在中國的決策權有多大？

中國外交部發言人華春瑩於二〇二〇年二月三日公開表示，中國自一月三日起已向美國通報新冠病毒疫情三十次。不論通報內容如何，至少表示疾控中心早就知道疫情，也已向上呈報。若無上層授意，防疫人員能公布或封鎖疫情嗎？

當然，每一個國家面對重大新興疫情時，在通報與防疫上都可能有多方考量或障礙。像是美國，自疫情之初，醫療專業便受到政治壓抑，川普刻意削弱了CDC一向在防疫中能起到的關鍵作用，是造成美國疫情失控的重要因素。九月中《華盛頓郵報》（*The Washington Post*）資深記者伍華德（Bob Woodward）在其新書《憤怒》（*Rage*）中，揭露了他於二月七日訪問川普的內容。川普早自一月底起已得知新冠病毒極可能人傳人，甚至可能空氣傳播，比流感致命，他卻一直刻意淡化疫情。[19]四月三日，CDC發出新指引建議美國民眾戴上口罩，川普卻在疫情簡報時公開回應：「這是自願的，我就不會這樣做。」[20]

八月二十四日，另一場公開可見的混亂更引人側目。那一天，CDC網站突然發布新政策指引，表示曾有接觸病毒風險但無症狀者，「不一定需要篩檢」。[21]這份並非經由CDC內部討論提出、而是由上級行政體制直接發布在CDC網站上的新指引，引發美國醫療專家的廣泛批評。終於，九月十八日，CDC修改建議，指出曾有接觸病毒風險但無症狀者「需要篩檢」。[22]但是，沒幾天，CDC的新指引又從網站上消失了，更不利於CDC在疫情中已然受損的公信力。[23]

政治的破壞力，明顯弱化了專業機構的角色。川普行政團隊對CDC的負面影響，從組織領導、行政介入、專業預警、公開對立等，都嚴重挫傷CDC的能力與形象，連向來得以召開疫情簡報的獨立性，都受到抑制。[24]

但是，另一方面，CDC長久建立的專業基礎與美國的民主社會，仍有機會促使防疫專業守住基本底線。美國CDC堪稱全球頂尖的專業防疫機構。在歷年來全球各地的新興疫情中，包括SARS或伊波拉病毒，CDC都和世界衛生組織及各國政府合作，協助並指引防疫措施。即使受到川普在行政與人事權的威脅影響，體制上CDC應仍得以獨立提出疫情示警，盡力發揮專業能力，甚至與行政體系折衝抗衡。雖然CDC目前面臨有史以來的最大防疫與公眾信任危機，但如果川普所代表的政治障礙可以移除，未來CDC應仍是美國人與世人都可期待的專業防疫機構。

相較之下，基於國家體制，中國疾控中心與各級防疫機構的專業能動性一向相當有限。根據中國的傳染病防治法，[25]疾控中心無法獨立公布疫情，像SARS或新冠病毒等嚴重疫情，必須由衛生部或由衛生部授權的機構宣布。但是，幅員廣大的中國，行政體制分為好幾個層級，不像美國CDC和各州都可自主獨立預警疫情。於是，像SARS和新冠病毒這麼嚴重的傳染病，兩次都錯失了發布警戒公告的先機。

疾病控制的關鍵：民主監督

全球陸續出現的重大新型傳染病，讓美國CDC的模式主導世界多國的防疫模式，疾病控制變成大數據的概念，由一個中央系統進行疾病控制的數據收集、監控和指揮。這樣一個大型的疾控中心，放在民主國家裡，會受到其他機制的監督。例如，美國的防疫專業人員與各級政府，因為民主制度所賦予的權力，即使在川普的政治干擾下，仍有機會根據疫情資訊勉力獨立運作或發言，而媒體、國會或公民社會的聲音，也可以公開批評或調查川普行政團隊和CDC的衝突。

可是，在中國，這樣一個防疫中心，納入了經費、人力與資訊，但內部怎麼分配？資訊如何收集和上報？收集之後何時採取行動？缺乏其他獨立機制監督其運作、制衡其決策，亦無透明的糾錯機制。唯一能夠監控它的，是更高的政治層級。但是，那個層級的透明度，比疾控中心還不見光。

雖然中國疾控中心的制度仿效美國，但兩者在政治體制的理念與實作上差異很大。中國疾控中心從籌備、成立至今二十年來，全球流行的新興傳染病如愛滋、SARS、

H7N9禽流感和新冠肺炎，對這個機構影響甚深，這個機構的設置也影響了中國對新興疫病的處置與流行擴散。中國疾控中心裡的優秀科學家很多，科研能力也受到各界與國際專家的肯定，從新冠病毒的基因測序很快出爐即可見一斑。但其與美國疾控中心制度的關鍵差異，就在於民主監督所需的透明度。一個體制引進之後，可能無法適應當地的政治文化環境，讓體制的發展不如預期。

防疫畢竟不只需要優秀的臨床科研能力，如同曾光一針見血的說法：

公共衛生，首先要姓公。[26]

「公」是公共衛生不應被輕忽的理由、是民主監督的認識起點、是各種理念與實作得以公開競爭論辯的基礎、更是防疫決策是否符合體制或能否檢討的目標。新冠病毒疫情之下，防疫體制是否受到尊重與民主監督是否得以維繫的問題浮現，中國疾控中心面臨的結構性困境很顯著，美國CDC的政治障礙也是眾人皆知，臺灣疾管署的潛在問題卻仍未受到重視[27]。在面對人類有史以來的最大疫情之際，任何國家若欲將危機化為轉機，防疫機構的體質與專業人員都須受到充分的尊重及發展，才能提升應付未來疫病危機的真正實力。政府與社會有此理念，仿效美國而以「CDC」之名的專業機構，才不會只是一個飄洋過海的架構。

1〈疾管署宣布成立「嚴重特殊傳染性肺炎中央流行疫情指揮中心」，全面防範中國大陸新型冠狀病毒肺炎疫情，確保我國防疫安全〉，衛生福利部疾病管制署，二〇二〇年一月二十日，https://www.cdc.gov.tw/Bulletin/Detail/32NPG1QXFhAmaOLjDOpNmg?typeid=9。

2〈蘇揆：中央流行疫情指揮中心即日起提升為「一級開設」〉，行政院全球資訊網，二〇二〇年二月二十七日，https://www.ey.gov.tw/Page/9277F759E41CCD91/55813cfb-8e4a-47c6-95a3-1b7f1267e07e。

3〈關於CDC：沿革與成果〉，衛生福利部疾病管制署，二〇一四年四月三十日，https://www.cdc.gov.tw/Category/Page/MTqnNaOG-jHJxOJ-HsxYg。

4〈關於CDC：衛生調查訓練班〉，衛生福利部疾病管制署，二〇二〇年四月九日，https://www.cdc.gov.tw/Category/MPage/5t3bsWTUJWzOLc-d9_qhNA。

5〈衛生署國內即時疫調大追擊，SARS後首批防疫醫師成軍！〉，衛生福利部疾病管制署，二〇〇五年八月三十日，https://www.cdc.gov.tw/Category/ListContent/KplNRx9vk1IAg9meu6zYFA?uaid=fT00CTL9PJKfhMEHj99Ylg。

6陳稚華，〈一手建「防疫醫師」制卻爆離職潮？蘇益仁：2困境和「這件事」必定扭曲防疫體系〉，信傳媒，二〇二〇年九月十日，https://www.cmmedia.com.tw/home/articles/23349；陳婕翎，〈全台僅27名防疫醫師　急募新血〉，聯合新聞網，二〇二〇年六月六日，https://udn.com/news/story/120940/4616789。

7邱宜君、陳婕翎，〈防疫醫師爆離職潮　前疾管局長：專業不受重視超辛酸〉，元氣網，二〇二〇年三月十九日，https://health.udn.com/health/story/120951/4427361；陳稚華，〈一手建「防疫醫師」制卻爆離職潮？蘇益仁：2困境和「這件事」必定扭曲防疫體系〉，信傳媒，二〇二〇年九月十日，https://www.cmmedia.com.tw/home/articles/23349。

8 https://www.cdc.gov/

9 http://www.chinacdc.cn/

10 Katherine A. Mason, *Infectious Change: Reinventing Chinese Public Health After an Epidemic* (Stanford: Stanford University Press, 2016), p. 3.

11 Katherine A. Mason, *Infectious Change*, p. 12.

12 劉紹華，《我的涼山兄弟：毒品、愛滋與流動青年》（臺北：群學，二〇一三），頁三〇八。

13 劉紹華，《我的涼山兄弟》，頁二三〇。

14 Katherine A. Mason, *Infectious Changes*, p. 13.

15 劉紹華，《麻風醫生與巨變中國：後帝國實驗下的疾病隱喻與防疫歷史》（臺北：衛城，二〇一八），頁四一三—四四二。

16〈曾光：論公共衛生和疾控系統改革〉，嘉峪關市疾病預防控制中心，二〇一九年六月十八日，http://www.jygcdc.com/html/col4/content4_6696.html。

17 徐毓才，〈疫情之後，疾控改革到底怎麼改？〉，中國醫療，二〇二〇年六月十二日，http://med.china.com.cn/content/pid/184594/tid/1026。

18 張冉燃，〈中國疾病預防控制中心流行病學首席科學家曾光：公共衛生首先要姓公〉，《瞭望》，新華網，二〇二〇年五月十一日，http://www.xinhuanet.com/local/2020-05/11/c_1125967825.htm。關於美國CDC的員工人數，有不同的說法，可能主要與近年來約聘僱人員數量減少有關。一般可見的數字指正式的工作人員超過一萬四千名，如https://www.cdcfoundation.org/what-public-health。又如《華盛頓郵報》（*The Washington Post*）資深記者伍華德（Bob Woodward）根據自二〇一九年至疫情期間對美國總統川普的多次訪談，於二〇二〇年九月中出版《憤怒》（*Rage*）一書，指出CDC在美國與全球各地的工作人員，含約聘僱人員在內，共有二萬三千名，Bob Woodward, *Rage* (New York: Simon & Schuster, 2020), p. 201。

19 Jamie Gangel, Jeremy Herb and Elizabeth Stuart, "'Play it down': Trump admits to concealing the true threat of coronavirus in new Woodward book," CNN, September 10, 2020, https://edition.cnn.com/2020/09/09/politics/bob-woodward-rage-book-trump-coronavirus/index.html; Bob Woodward, *Rage*.

20 Bob Woodward, *Rage*, p. 276.

21 Katherine J. Wu, "C.D.C. Now Says People Without Covid-19 Symptoms Do Not Need Testing," *The New York Times*, published August 25, 2020, updated September 17, 2020, https://www.nytimes.com/2020/08/25/health/covid-19-testing-cdc.html.

22 Apoorva Mandavilli, "C.D.C. Reverses Testing Guidelines for People Without Covid-19 Symptoms," *The New York Times*, September 18, 2020, https://www.nytimes.com/2020/09/18/health/coronavirus-testing-cdc.html.

23 Apoorva Mandavilli, "Advice on Airborne Virus Transmission Vanishes From C.D.C. Website," *The New York Times*, September 21, 2020, https://www.nytimes.com/2020/09/21/health/coronavirus-cdc-aerosols.html.

24 Lena H. Sun and Joel Achenbach, "CDC's credibility is eroded by internal blunders and external attacks as coronavirus vaccine campaigns loom," *The Washington Post*, September 29, 2020, https://www.washingtonpost.com/health/2020/09/28/cdc-under-attack/.

25 詳見《中華人民共和國傳染病防治法》第三章「疫情報告、通報和公布」：http://big5.www.gov.cn/

gate/big5/www.gov.cn/fwxx/bw/wsb/content_417553_3.htm。

26 張冉燃，〈中國疾病預防控制中心流行病學首席科學家曾光：公共衛生首先要姓公〉，《瞭望》，新華網，二〇二〇年五月十一日，http://www.xinhuanet.com/local/2020-05/11/c_1125967825.htm。

27 陳稚華，〈一手建「防疫醫師」制卻爆離職潮？蘇益仁：2困境和「這件事」必定扭曲防疫體系〉，信傳媒，二〇二〇年九月十日，https://www.cmmedia.com.tw/home/articles/23349。

第六章

中醫藥

中醫藥與政治的牽扯，並非始於今日。
自從西方現代性影響中國起，
中醫藥就未曾擺脫過政治傾向的角力。

二〇二〇年三月十七日是第九十屆「國醫節」，那時正值新冠病毒疫情最為緊張之際，隔日臺灣即發布外籍人士入境禁令。[1] 原訂於三月中舉行的「第九十屆國醫節慶祝大會暨第十二屆台北國際中醫藥學術論壇」，因疫情之故延至七月四至五日舉行。大會主題為「中醫實證與全球化」，來自世界各地的專家共襄盛舉，僅臺灣報名與會的中醫師就有一千八百多位。[2]

「中醫參與新冠病毒防疫及抗疫經驗專題」，是這場會議中值得矚目的焦點，發表中西醫合併治療新冠病毒肺炎的成果。然而，媒體對此報導不多，中醫藥對全球新興流行病的治療貢獻所引起的關注，遠低於政治人物提議中醫改名的發言。

會議第二天，立法院院長游錫堃致詞時表示，只有臺灣稱為「中醫」，指韓國已改為「韓醫」，建議未來改名叫作「臺醫」。[3] 媒體多方報導游錫堃的這番發言，引發網路熱議。不過，承辦單位台北市中醫師公會的新聞稿中，對此隻字未提，而是強調總統蔡英文的致詞，「臺灣要走向世界，中醫藥也是重要的競爭力。」[4]

游錫堃的說法，其實正誤參半。國際上通稱發源於中國的傳統醫學為TCM（Traditional Chinese Medicine），即使美國衛生部也如此名之，TCM的指涉範圍很廣，包括中草藥、針灸、拔罐、太極等。[5]至於韓國，從一九九〇年代開始，逐步去除中國和日本等鄰近強國文化的影響痕跡，包括拆除日本殖民時期的總督府、廢除漢字、將首都「漢城」更名為「首爾」、「漢醫」改寫為「韓醫」。這些變動都曾引起爭辯，尤其是去除漢字的影響，韓國知識界對其評價仍是正負皆有。

新冠病毒疫情爆發後，從中國開始，世界各地的醫學，包括生物醫學（俗稱的西醫）和傳統醫學（如中醫、韓醫）等，都致力於找出主要的或輔助性的治療方案。但是，如同一般情況，大部分被認可的治療方案都屬於西醫範圍。中醫診治新冠病毒疫疾的醫療角色，儘管有所成效，也很少受到關注。[6]

中醫藥在疫情當下若突然引發討論，經常與政治因素有關。就像在臺灣，中醫的處境本就邊緣，只能在西醫主流下勉力發展，卻又被游錫堃貼上了尷尬的政治標籤。而在中國，中醫與政治的關係更是茲事體大。疫情之初，中醫藥在中國幾度成為鎂光燈的焦點，只是性質與臺灣的小風波有所不同。

二十世紀以來的中國，在政治風向的捲動中，中醫的進退始終兩難。以下我將勾勒中醫藥、疫病與政治的三角關係。

中醫藥與中國的現代性追尋

中醫藥與政治的牽扯，並非始於今日。自從西方現代性影響中國起，中醫藥就未曾擺脫過政治傾向的角力。

關於歷史，就從魯迅（1881-1936）說起吧。

魯迅非常批判中醫。他在《吶喊》的自序中寫道：「中醫不過是一種有意的或無意的騙子。」魯迅曾在日本學習西醫，一九〇四年就讀於仙臺醫學專門學校，該校於一九一二年改制為今日的東北大學（Tohoku University）醫學部。日本小說家太宰治曾以在仙臺習醫的青年魯迅為主角，寫成小說《惜別》。順帶一提，這本一九四五年完成的小說，被視為迎合時局之作，以日本「大東亞共同宣言」中的五大原則其一「獨立親和」為寫作方針，各種原因讓此書未獲好評。[7]

魯迅對中醫的批判，不僅是因為他曾在日本學習西醫，事實上他後來棄醫從文，投入文藝運動，以期改造國族精神。魯迅真正批判的，是所有陳舊的中國傳統，中醫便是低劣落後文化的一個象徵。他將中國人比喻為「病人」，得用「科學」治療，百分之百支持西醫。[8]

另一位比魯迅更早的代表性政治人物——中華民國的國父孫中山（1866-1925），也不信任中醫。孫中山同樣也是學習西醫，畢業於博濟醫學堂。這所學校於一八六六年在廣州成立，被認為是在華傳教士創立的第一間西醫教育機構，培育出中國最早的一批西醫師。就是今日廣州中山大學醫學院的一半前身。[9]

孫中山晚年罹患肝病重症，住進北京協和醫院，這是國際上最有名的中國西醫院，當時由美國人主辦。即使西醫治不好已病入膏肓的孫中山，他仍然反對服用中藥。魯迅聽聞孫中山病重之際仍堅持不服中藥，覺得很感動，稱讚堅定科學立場而不使用中藥的孫中山是「永遠的革命者」。[10] 不過，孫中山最後還是離開協和醫院，在行館內接受了中西醫結合治療，但仍藥石罔效，不到一個月便辭世。[11]

不論是孫中山還是魯迅，他們對中醫藥的否定態度，與晚清以來諸多著名的有識之士一樣，像是梁啟超、嚴復、胡適等，都致力於推動中國朝向西化現代性的改革，鼓吹西醫，不信中醫。這股現代性趨向，形成中國近代史上的「廢除中醫」運動。

前述提及的「國醫節」，正是在反對中醫的現代性風潮中誕生的。一九二九年，國民政府中央衛生委員會公布廢除「中醫中藥」的法令，引發當時中醫界的強烈反彈，於該年三月十七日舉行全國性抗議遊行。在此抗爭前，中醫界原本常因師承和醫理之別而彼此競爭，直到國家介入提出廢止法案，中醫界才團結起來，並讓政府收回法令。[12] 甚至，一九三一年三月十七日，國醫館於首都南京成立。[13] 中醫界更為了紀念五年前的抗議運動，於一九三四年呈准將三月十七日訂定為「國醫節」。[14] 只是，中醫雖然得到「國醫」之名，但在中國的現代性追尋中，一直處於受政治力影響的起伏狀態。

廢除中醫藥就和去除中國的傳統一樣，與在現代性洪流中興起的民族主義有關，這些都是晚清以來革命家的共同之處。不過，當代民族主義者看待中醫藥的立場，卻不一定都是否定它，反而可能走上另一極端，也就是接納乃至過度吹捧中醫藥。

中醫藥與民族主義

一九四九年後的中國，就是一個例子。中國革命領袖毛澤東基於國家與民族體質的現代化改革，也是大規模地去除傳統。不過，他對中醫藥的公開指示，卻和孫中山、魯迅等民族主義先行者的革命理念相反。

毛澤東強烈反對西方帝國勢力，堅持中國的主體性，加上當時中國科技、人力與物力均普遍缺乏，因而鼓吹發展中醫藥和少數民族醫藥，通稱為「祖國醫學」。[15] 不過，值得一提的是，毛澤東個人對於中醫的態度，與其公開高舉的政治立場則不見得一致。[16] 一九四九年後的中國，雖然持續推動科學與現代化，發展生物醫學，但在衛生政策的口號上則強調「團結中西醫」。

毛澤東甚至要求西醫學習中醫。例如，一九五五年，北京協和醫學院被要求聘請兩名中醫師參與治療工作，西醫師還必須聆聽中醫師的「祖國醫學的治療原則」七講。這個政策曾引起西醫師的質疑抱怨：[17]

> 看不出中醫有什麼東西。……領導上叫我們鑽下去，可是大夫們不知怎麼鑽？不知到底學到什麼程度？怎麼學？同時看不出學中醫的前途。

三年後，一九五八年，毛澤東又繼續指示「西醫離職學習中醫」，他說：

我看如能在一九五八年每個省、市、自治區各辦一個七十至八十人的西醫離職學習班，以兩年為期，則在一九六〇年冬或一九六一年春，我們就有大約二千名這樣的中西醫結合的高級醫生。

不論毛澤東擘劃的藍圖是否過於理想，這個藍圖明顯展現出實用目的。當時，絕大多數的中國人生活在貧困的農村，各地傳染病盛行，現代化的醫療衛生基礎建設尚未全國普及。在此狀況下，由於中醫藥等傳統醫療得以就地取材，毋須仰賴新穎的科學知識與器具技術，在基層推廣中醫藥有其現實理由。

只是，當年中醫藥的最大問題就在於良莠不齊。可以想像，既然彼時對於基層傳統醫療的素質難以把關，在推廣「祖國醫學」的風潮下，要是出現異想天開或道聽塗說的現象，也就不足為奇。例如，一九五九年新華社記者報導了一則奇聞，「僮族人民寶貴的醫學遺產——甘蔗接骨」：[18]

經廣西醫學院「甘蔗接骨研究小組」十個月來調查整理和研究實驗，已獲得初步成果。

……甘蔗組織中逐漸長入新生的骨組織，甘蔗纖維漸漸被吸收。實驗動物和臨床患者的全身及局部的異物反映很輕微。

甘蔗接骨是長期流傳在廣西僮族民間治療骨折的方法之一。……這種甘蔗接骨的方法有兩種，一種是用甘蔗作外夾板；另一種是作「內渣」——把甘蔗放在骨折處。

廣西醫學院著手研究甘蔗（內渣）接骨是在去年學習祖國醫學遺產高潮中，師生下鄉訪賢采風，搜集到關於甘蔗接骨的材料時開始的。

這種官方媒體推波助瀾、以訛傳訛的現象，與中醫藥或其他傳統醫學的實際品質不一定有關，突顯的更是環繞在中醫藥發展周圍的各種附加想法，可能是民族主義、政治利益，也可能只是乘著政治風向而見縫插針的投機行為。

新冠疫情下的中醫藥爭議

說到這裡，再來看二〇二〇年中國新冠病毒疫情下發生的中醫藥事件，便予人歷史似曾相識之感了。以下舉出三個事件為例。

一月底，新華社報導中國科學院上海藥物研究所聲稱，該所和武漢病毒研究所聯合研究初步發現，中成藥雙黃連口服液可以抑制新冠病毒。結果引起民眾瘋狂搶購，不僅此中成藥銷售一空，也帶動中藥材價格飆漲。這和二〇〇三年SARS疫情時，民眾搶購板藍根的現象如出一轍。雙黃連搶購熱潮引起廣大爭論，有中國網民發出「雙黃連一響，黃金萬兩」的嘲諷語，《人民日報》也趕緊呼籲民眾切勿自行服用。[19]

二月起，中國加強引入中藥協同治療新冠病毒感染的患者，最有名的就是廣東省提出的「肺炎一號方」，主要用於輕症病人，提升其免疫力。新華網等中國媒體經常報導中醫藥對抗疫情的貢獻。[20]但與之同時，媒體也會報導專家意見，表示西醫藥才是治療主力，不宜過度宣揚中醫藥的效力，否則不僅不切實際，還可能造就搶購雙黃連等中成藥的問題。

三月時更引起爭議的，則是世界衛生組織在「二〇一九冠狀病毒病專題問答」中，原本在「我不該做哪些事情」的問題下，列出「服用傳統醫藥可能有害」的建議。之後，三月四日，世衛認為該表述過於寬泛，並未考慮到中度與輕症患者尋求傳統醫藥的有益事實，於是決定先於三月六日刪除該表述的中文版。三月七日又在英文版中刪除該表述，其他語言的版本也於三月八日刪除。[21]這些變動，引起國際輿論對世衛標準是否受到政治影響的質疑。

以上三類事件，表面上都涉及長久以來中醫藥的有效性與科學性爭議。但實際上，當時在全球醫療界仍對新冠病毒引發的肺炎幾近束手無策、只能採取支持性療法之際，「中醫藥對此肺炎是否有效」根本不成為關鍵問題。也就是說，中醫藥在疫情之初的爭議，突顯的依然是民族主義的面子掙扎、乃至利用民族主義政治情緒來操作投機的老問題。

投機的定義就是「看準縫隙搶先冒出」，所以輿論批評雙黃連中成藥利用民眾的恐慌與中醫藥成效標準不透明，趁隙大賺一筆。但是更進一步思考，投機者所看準的並不只有這兩道縫隙。這些投機者其實眼光高遠，他們所利用的最大裂縫，是中醫藥在中國廣為存在與使用的事實，而這個事實的後臺，則是當代中國以中醫藥為民族國家主體象徵的精神原則。

疫情之初接二連三出現的中醫藥爭議，問題的層次其實有別，卻都在一陣混戰中被攪和了。

雙黃連中成藥所顯示的問題層次極低，本質是「宣傳不實」或「專業詐欺」的法律問題。就專業倫理與法律規範來看，應該很容易糾舉處理。但投機者之所以能夠逃過制裁，正是因為他們一開始就鑽進了高層次的縫隙中。中醫藥所象徵的民族主義被濫用，成為投機者的保護傘。

中醫藥能否正常化？

中國媒體經常報導中醫藥在對抗疫情中的貢獻力量，一方面，這表現出彰顯中醫藥的企圖。畢竟，真正的主流西醫毋須宣導，只有仍是非主流的療法才需要大加宣傳，以求另眼相看。

但另一方面，中國媒體對中醫藥的關注，也可視為全球各地努力研發新冠病毒治療方法的一種嘗試努力。甚至，面對不斷出現的新興疫病，對中醫藥的關注，也可能開展我們對於如何與疫病共處的不同想像。[22]若能如此看待，不僅是對正規中醫藥專業人員努力的肯定，也得以保持開放的心態，樂見各種醫藥實驗投入，毋須上升到民族主義的政治層面。

針對新興疫病，中醫藥若能起作用，是世人之福；中醫藥若無法提供解方，也不用斷然否定其價值。如同若西醫藥對新興疫病無解，我們也不至於因而否定西醫藥的價值。回歸中性對待，才有助於中醫藥不為投機者所利用，也才能平心靜氣地看待疫情中的中醫藥角色。

如果能讓中醫藥的角色回歸正常化，對於世界衛生組織拿掉使用傳統醫藥的警告，也許可以有不同的理解。

當二〇一九年底新冠病毒從中國開始爆發，發展為全球性的公衛危機之際，以生物醫學（西醫）為主流的世衛，對於非主流的「另類醫療」採取警戒提醒，是可以理解的既定立場。全球衛生中的口號「醫藥一體」（One Medicine，見第四章），即已充分彰顯生物醫學的主導性。

爭論在於，國際輿論普遍認為，因為中國正在使用中醫藥做為支持療法，世衛提出警告對於中國不利，以此質疑世衛是因中國的壓力才拿掉警告，批評世衛的專業評估受到政治影響；而中國的輿論、甚至不少中國之外的中醫界則認為，世衛的警告過於一刀切，忽略了使用傳統醫藥的情境可能各有不同。其實，世衛不論是提出或刪除警告，都有其合理性。此事的爭議焦點，主要仍是因為國家競爭，以及在此競爭中泛起的不同民族主義漣漪，以致中醫藥在疫情中的形象難以正常化。

總結來看，中醫藥在中國內部的現代化發展上、乃至在中國對外爭取的形象上，向來不乏爭議。爭議並不一定關乎中醫藥的效用與否，而是中醫藥所象徵的兩個重要政治面向：一是與科學現代性的牴觸，另一則是中國的傳統該何去何從。而這些所牽涉的，都與中國的現代國族意識有關。

中國百年多來的現代性渴望，從孫中山、魯迅等民族主義革命之士所推動的傳統轉型，到毛澤東所選擇的社會主義現代化路徑，無論過程如何震盪，中國走到今天，實際上已經全面生物醫學化，西醫已成主流。儘管中醫藥依舊普遍，今日的中醫藥已非純粹意義上的傳統醫藥，而是不斷變遷的當代醫藥，趨向「科學化」、「標準化」、「科技化」，以及「成藥產業化」。

如同二〇二〇年「國醫節」會議主題「中醫實證與全球化」所顯示的，二十一世紀，擁有現代性面貌的中醫藥，早已在世界各地，基於多元文化與多元醫療的原因而廣為發展。中醫藥已經不只是中國所用的醫藥而已。今日的中醫藥，就和某些其他傳統醫藥一樣，如印度的阿育吠陀傳統醫學，廣泛在世上流通、轉換或整合使用，成為全球化中一種經常可見的「傳統療法」。

換言之，經歷了長久的轉型，是否還需讓中醫藥承擔起中國民族主義的大纛？或者替中醫藥貼上政治標籤？

中醫藥早已成為一種超越中國之境的醫療文化，本身即帶有中國文化的實質內涵，其效益若能為世人信賴所用，毋須後設的民族主義為其後盾。反向來看，中醫藥的文化根源與歷史脈絡，乃至中國對於中醫藥的持續研發貢獻，也不會因為去除中國化或改名，就能被輕易抹除。

這是個多元醫療（Medical Pluralism）的世紀，全球難尋只存在單一醫療文化之境。任何的醫療系統如果得以存續，一定是因為有其效力，儘管效力的評估不一定是採用所謂的科學標準。同樣的，所有的醫療系統也都可能出現良莠不齊的問題。換言之，如果醫療品質的確認得以正常化，不再仰賴抽象的精神原則（例如民族主義），人們對中醫藥的認識理解，才可能回歸務實本質，由攸關人類身心福祉的具體貢獻來評斷之。

1〈因應全球「新型冠狀病毒肺炎」疫情持續擴大，我國將限制全球非我國籍人士入境〉，中華民國外交部，二〇二〇年三月十八日，https://www.mofa.gov.tw/News_Content.aspx?n=8742DCE7A2A28761&s=A8F9D083258B61F2。

2 陳曉鈞，〈第90屆國醫節慶祝大會暨第12屆台北國際中醫藥學術論壇〉，台北市中醫師公會，http://www.tpcma.org.tw/index.php?id=594215&id2=8558。

3 賴淑敏、陳柏諭，〈中西醫聯手治武漢肺炎　國醫節發表成果〉，公視新聞網，二〇二〇年七月五日，https://news.pts.org.tw/article/485710；劉育辰，〈中醫也要正名？游錫堃：只是提出讓大家討論〉，NOWnews今日新聞，二〇二〇年七月六日，https://www.nownews.com/news/politics/5028780。

4 陳曉鈞，〈第90屆國醫節慶祝大會暨第12屆台北國際中醫藥學術論壇〉，台北市中醫師公會，http://www.tpcma.org.tw/index.php?id=594215&id2=8568。

5 "Traditional Chinese Medicine: What You Need To Know," National Center for Complementary and Integrative Health, September 10, 2020, https://www.nccih.nih.gov/health/traditional-chinese-medicine-what-you-need-to-know.

6 張茗喧，〈武漢肺炎中藥研究藏辛酸　中醫界嘆：不被重視〉，中央社，二〇二〇年五月二十二日，https://www.cna.com.tw/news/ahel/202005220169.aspx；〈《新型冠狀病毒病中醫臨床分期治療指引》公告〉，台灣中醫病理學醫學會，二〇二〇年六月一日，http://www.tspcm.tw/news/ins.php?index_id=93。

7 廖秀娟，〈太宰治「惜別」論——從「我」的敘事觀點〉，《台大日本語文研究》第十三期（二〇〇七年六月），頁一二七—一五四。

8 皮國立，《國族、國醫與病人：近代中國的醫療和身體》（臺北：五南，二〇一六），頁一八三—一八六。

9 劉紹華，《麻風醫生與巨變中國：後帝國實驗下的疾病隱喻與防疫歷史》（臺北：衛城，二〇一八），頁一一九。

10 皮國立，《國族、國醫與病人》，頁一八六

11 皮國立，《國族、國醫與病人》，頁八四—九二。

12 Sean Hsiang-lin Lei, *Neither Donkey nor Horse: Medicine in the Struggle over China's Modernity* (Chicago and London: University of Chicago Press), pp. 4-5.

13 曾宣靜、林昭庚、孫茂峰，〈民初中醫「醫育法權」之建構（1912-1949）——以《中醫條例》及《醫師法》為論述核心〉，《臺灣師大歷史學報》第五十九期（二〇一八年六月），頁四一—一〇〇。

14 請參見教育部重編國語辭典修訂本網站「國醫節」詞條：http://dict.revised.moe.edu.tw/cgi-bin/cbdic/gsweb.cgi。

15 劉紹華，《麻風醫生與巨變中國》，頁八九。

16 李志綏，《毛澤東私人醫生回憶錄》（臺北：時報，一九九四），頁五二五、五六六。

17 劉紹華，《麻風醫生與巨變中國》，頁八九。

18 劉紹華，《麻風醫生與巨變中國》，頁九十。

19 夢想家菜菜，〈「神藥」雙黃連們背後：每次疫情總有中成藥被推向前臺〉，新浪財經，二〇二〇年二月五日，http://finance.sina.com.cn/china/2020-02-05/doc-iimxxste8946211.shtml；張智，〈「雙黃連」治病傳言背後：中藥材價格飆漲　板藍根同比翻三倍〉，《華夏時報》，東方財富網，二〇二〇年二月五日，http://finance.eastmoney.com/a/202002051373012553.html。

20〈參與救治新冠肺炎確診病例超八成——中醫藥在抗擊疫情中貢獻力量〉，新華網，二〇二〇年二月二十日，http://www.xinhuanet.com/2020-02/20/c_1125602730.htm。

21〈肺炎疫情：世衛刪除「傳統醫藥可能有害」建議引爆中國公眾爭議〉，BBC News中文網，二〇二〇年三月十日，https://www.bbc.com/zhongwen/trad/world-51797178。以上提及的資訊，目前在世衛網站上已經看不到，現在的問題已經改為正面表述，如「我能做些什麼保護自己並防止疾病傳播」：https://www.who.int/zh/emergencies/diseases/novel-coronavirus-2019/question-and-answers-hub/q-a-detail/q-a-coronaviruses。

22林文源，〈想像疫情、想像社會：中醫共存邏輯的啟發〉，報導者，二〇二〇年五月十二日，https://www.twreporter.org/a/opinion-covid-19-inspiration-from-chinese-medicine。

第七章 道德模範

「英雄」、「烈士」等模範之稱，看似良善的社會反應，
但在「防疫大作戰」的危機時刻，
也可能成為集體主義的政治操作。

「抗疫英雄」是全球新冠病毒疫情高峰期間，世界各地都出現的讚詞。多數時候，這個禮讚致向第一線的臨床工作者，尤其是那些因照護病人而感染身亡的醫療人員。[1] 他們在危機中仍堅守崗位，其高尚美德深受世人讚揚與紀念。

然而，值得深思的是，成為這樣的「道德模範」，究竟是社會對他們承擔高度職業風險所給予的特殊肯定，還是他們可以避免的沉重負擔？

平常情況下，在急診、感染科或加護病房等部門工作即已具備風險，但醫護人員並不會因此被稱作英雄。當社會大眾或政治人物在大疫中以英雄譽之時，隱含了對他們的期待是「不畏風險」、「犧牲奉獻」。然而，如果社會並不理解其工作處境與責任界線，也不見實質的政策支援，以「英雄」稱之或期待之，既不務實，也有道德倫理的疑慮。[2]

義大利是繼中國之後陷入疫情危機的國家。三月間，媒體訪問在加護病房工作的護理師保羅．米蘭達（Paolo Miranda），他所在的醫院位於疫情爆發中心的倫巴底大區（Lombardy），那時已有超過兩千人感染病毒，一百九十九人死亡。疫情爆發一個月來，米蘭達等醫護人員，每天持續不間斷地工作十二小時。他說：

人人都說我們是英雄，但我自己不覺得。……我們是專業人士，但是都很累了。現在，我們感覺自己就在戰壕裏，所有人都很害怕。[3]

五月時義大利疫情的緊迫性稍緩，另一位護理師莫妮卡・馬里奧蒂（Monica Mariotti）述說自己的情緒創傷與疲勞後遺症：

我們突然變成了英雄，但世人已經忘了我們。[4]

臺灣並未出現大型疫情危機，但因防疫有成，同樣也有鎂光燈聚焦的「抗疫英雄」，最受矚目的就是指揮中心的「防疫五月天」[5]。媒體偶爾也稱許第一線的醫護人員為「英雄」或「天使」，但多數第一線臨床工作者的處境，一般人很難看得見。甚至，這些臨床前線的「抗疫英雄」，也不見得會因其貢獻而得以避免困境。比如二〇二〇年二、三月間，即傳出護理師遭受歧視排擠、醫護人員子女被要求不得上學、便當店拒送醫院等新聞。[6]甚至，照顧新冠病毒感染患者的護理人員，也被其他醫護人員視為高風險，而遭到排擠。[7]

美國商業雜誌《財星》（*Fortune*）於二〇二〇年四月選出全球二十五位抗疫英雄領袖，包括政治人物、醫藥專家、臨床醫護、企業家、慈善家、科技人、軍官、廚師等。名列第一的，是中國的疫情吹哨人、已逝的武漢市中心醫院醫師李文亮。[8]這份名單中的上榜者，皆有其實至名歸的貢獻。這裡我想特別提及當中三位已逝的臨床照護者，除了李文亮之外，還有紐約市的護理師凱利（Kious Kelly）和伊朗醫師詩琳・魯哈尼（Shirin Rouhani）。

凱利是紐約市西奈山醫院（Mount Sinai West）的副護理長，被視為在紐約疫情風暴中首位喪生的醫護人員。二〇二〇年三月三十一日，他因新冠肺炎過世，年僅四十八歲。凱利之死引發美國醫護人員大聲疾呼重視臨床工作者的困境，他們是在防護性醫療物資短缺的高風險下，治療不斷湧入的新冠病毒感染者。[9]

魯哈尼是伊朗碩哈達（Shohada）醫院的醫師，她在醫療人力與資源都非常匱乏的情況下，投入診治新冠肺炎患者，即使自己也遭受感染，仍因人手不足，吊著點滴繼續工作，病逝於二〇二〇年三月十九日。[10]

世人讚譽這些已逝者為英雄，是對他們的追念肯定；但若期待醫護人員仿效這些典範，都能如此奉獻投入，「英雄」一詞便是社會集體所施加的道德壓力了。

中國醫師李文亮在感染羅病之前的臨床工作情境，也和凱利與魯哈尼差不多，但他的政治處境更為曲折。[11] 二〇二〇年一月初，李文亮等八名醫師，被武漢市公安局依散播不實疫情資訊之名傳喚偵訊，指其為「謠言散播者」。一月下旬疫情爆發後，不滿的輿論稱其為「造謠八君子」，以此諷刺武漢醫院幹部和公安對疫情吹哨人的不當處罰。李文亮等人「被造謠」事件後，武漢市中心醫院戴上口罩的醫師皆遭嚴重訓誡，諸多的第一線人員，就在缺乏防護的情況下，陷入高度的感染風險。眼科醫師李文亮也是在這樣的情況下感染病毒，一月十日發病，十二日住院。網傳二月六日晚間李文亮的心肺功能已停止，裝上葉克膜搶救無效，官方宣布他於二月七日凌晨兩點五十八分過世，年僅三十四歲。

李文亮離世消息傳出後，世界各地的中國網民情緒沸騰，相約當晚九點熄燈，在黑暗中吹哨、電筒光朝外，以此共同祭奠李文亮。當時中國網民的激憤之情與究責輿論，一度被視為中國政治危機。

於是，李文亮過世後，中國國家監察委員會成立調查組，赴武漢調查「群眾反映的涉及李文亮醫生的有關問題」。[12] 耗費四十天後，三月十九日，調查報告認定李文亮是「2019冠狀病毒疫情的吹哨人」，[13] 算是為其洗刷生前的「造謠者」指控。四月二日，湖北省政府根據《烈士褒揚條例》及《關於妥善做好新冠肺炎疫情防控犧牲人員烈士褒揚工作的通知》，評定李文亮等十四名在疫情中犧牲的「防控一線人員」為首批烈士。[14]「『烈士』是黨和國家授予為國家、社會和人民英勇獻身的公民的最高榮譽性稱號」，評定十四名烈士的公告如此說明。[15] 從「造謠者」到「烈士」，李文亮事件所引發的爭議，就這樣在政治的前臺上落幕。

「英雄」、「烈士」等模範之稱，看似良善的社會反應，但在「防疫大作戰」的危機時刻，也可能成為集體主義的政治操作。如同《烈士褒揚條例》第五條明文指示：「各級人民政府應當把宣傳烈士事跡作為社會主義精神文明建設的重要內容，培養公民的愛國主義、集體主義精神和社會主義道德風尚。」[16]

道德模範的選定，向來便是中國政府的重要治理手法，疫情當前則更為強化。以慶功掩蓋究責，以彰顯英雄遮蔽基層困境，前臺政治褒揚蓋過了後臺實況。如此的道德模範治理，值得引以為誡。

中國的道德模範治理

在中國，每個人從小都讀過的道德模範，非「好人好事」代表雷鋒莫屬。每年三月五日是「學雷鋒紀念日」，中國各機關單位經常忙於「找點好事來做」。那一天，各地養老院也得忙著輪番「接待」好幾批的「志願者」。一位「八〇後」的中國友人告訴我，她初中時就讀寄宿學校，那一天「每個班都在想做點啥好事呢」，但是因為不能出校門，於是，校園裡的雕塑一天就被擦了好幾遍。

看來可笑的道德模範形式主義，卻是理解一九四九年後中國政府治理的一個重要面向。

從紅軍時期起，毛澤東「老三篇」中的〈紀念白求恩〉和〈為人民服務〉，便樹立起中國共產黨的理想道德模範，文化大革命期間更是眾人學習與背誦的樣板文章。白求恩（Norman Bethune）原是加拿大的外科醫師，於一九三八年加入共產黨的延安基地，一年多後在治病過程中因感染而引發敗血症身亡。毛澤東號召所有黨員學習他「毫不利己」的精神。〈為人民服務〉則是追思中共中央警備團人員張思德。毛澤東說：「今後……不管死了誰，……只要他是做過一些有益的工作的，我們都要……開追悼會。這要成為一個制度。……使整個人民團結起來。」[17]

至於雷鋒，一九六二年「因公殉職」後，毛澤東於一九六三年三月五日親筆題詞「向雷鋒同志學習」，他因而「名垂青史」。順帶一提，改革開放後，不少中國人對於雷鋒的好事作為抱持懷疑，常見的提問如「為什麼每次雷鋒做好事的時候，都正好遇到了攝影師？」「為什麼雷鋒做好事從不留名，卻總是鉅細靡遺地寫在日記裡？」質疑其為刻意的政治宣傳。[18]

毛澤東撰寫「老三篇」、擇定「雷鋒」做為樣板，都顯示國家希望民眾對這些政治精神及道德典範念茲在茲，並起而效尤。

既然道德模範是集體主義治理的一種方式，從孩童開始灌輸最為有效。所以，說到中國的模範治理，我最先想到的還不是雷鋒，而是帶著紅領巾的少年。

二〇〇五年前後，我經常穿越四川和雲南藏彝走廊一帶的高山峻嶺，偶爾看見小學生們在山間馬路上走路回家。他們看到高速行駛而過的車子時，常停下腳步，一字排開地向車子行軍禮。有人說，那是以前留下的老規矩，因為曾經只有公務車才會開進大山裡，上面坐的可是幹部領導；也有人說，那是現在的老師挪用這種理由，來引導孩童在車子行經時靠路邊靜止，以維安全。無論如何，向領導敬禮至少都是表面理由。

那些聽話照做的學童，大多繫上了紅領巾，認真地做個好孩子。那條令學童感到驕傲的紅領巾，標示了中國少年先鋒隊的榮譽：紅色代表五星紅旗的一角，賦有烈士鮮血染成的寓意，象徵無產階級的革命傳統與愛國精神。一條紅領巾的模範寓意，就這樣從中央到偏遠的高山地區，從孩童進入學校開始，深入人心。

我在山區看見戴著紅領巾的孩子，吃飯、睡覺、上學、玩耍，都離不開那條紅領巾，愛極了。那就跟勳章一樣，代表著榮譽、責任、鞭策。只是，他們畢竟是孩子，紅領巾經常髒汙、破損、遺失，而不得不拿下，或者成長後突然覺得紅領巾不再重要就不戴了。如果學校沒有硬性規定要繫上紅領巾，孩童拿下紅領巾，稱不上是件沉重大事。

但是，如果那條紅領巾是繫在成人頸上，就像「英雄」等道德光環冠在成人頂上，因為社會對成人的行為要求更加明確，那可能就會像是孫悟空頭上的緊箍咒，要怎樣才能拿下？

我想到一位年輕美麗的女性醫療人員，因為照護眾人避之唯恐不及的痲風患者，而被國家選為模範表彰。有一回，我請她的好友幫我帶支口紅交給她，未料，那位朋友看著口紅，很慎重地告訴我不合適。朋友替她著想，擔心頂著模範光環的她，會因為塗了這支深色的口紅而更遭忌。

確實，如果道德光環是「以國之名」，是最高的榮譽，檯上眾人稱羡，檯下眾人之眼卻也是齊齊盯著受獎者。獲得模範榮譽者的行為表率，就是國家期望眾人仿效的樣板。這看似一種國家賦予的榮譽，實際上卻是由社會協助國家，以國家認可的標準來監督、糾正人的理念和行為。人前人後，獲獎者何時才能喘口氣，偶爾也當個不那麼模範的人？

在集體主義的壓力下，成為模範的代價與壓力很大。所以，當集體主義稍緩後，成為模範的吸引力就會降低，也才會出現對於雷鋒的類似質疑。只是，當危機來臨，也就是集體主義復甦的最佳時刻，模範治理仍然可能捲土重來。

道德模範的前臺與後臺落差

二〇二〇年九月八日，中國疫情趨緩後，「全國抗擊新冠肺炎疫情表彰大會」在北京人民大會堂隆重舉行，由習近平授予重量級傳染病專家鍾南山「共和國勳章」，[19]另外三名高階醫療專家和主管則獲頒「人民英雄」稱號，還有其他一四九九名「先進個人」與五百個「先進集體」。[20]

這場浩大的表揚工程，堪稱中國改革開放以來最盛大的模範治理場景。

在此之前，這種治理手法雖未曾消失，但相較於文革時期，集體主義的儀式感已淡化許多。中國於一九八〇年代改革開放後，集體主義和個人自由一消一長，政府很難再強力動員民眾為國犧牲奉獻。於是，一九九六年後中國政府的常見做法，便是以鼓勵「精神文明」、「道德模範」、「先進事蹟」等各種獎勵表彰，向幹部與民間推展官方擇定的典範，以動人的故事來行銷國家推崇的道德作為與社會教化。只是，誰都沒想到，史無前例的COVID-19疫情，竟讓模範治理的格局與規模臻於顛峰。

「道德模範」是一種「高貴不貴」的治理技術。國家揀選在政治上安全的現成人事物，來推廣其偏好的標準。而其他也有貢獻或更有貢獻的人與組織，卻在這種治理技術之下繼續受到忽略。[21]更值得關注的是，檯面下的真實挑戰與問題沉痾，是否因為模範加冕而能獲得重視與解決？

僅以我曾研究過的地方麻風扶助模範為例，可以想見問題之一斑。

改革開放後，中國政府在麻風防治方面的能力與意願皆有限，所以務實地接受外國教會協助。但是，中國政府基於意識形態，仍不樂見教會的影響力擴大。於是，為了鼓勵社會投入救助行列，各級政府開始挑選支援麻風患者或子女的道德模範。

獲得官方青睞的模範人物，都不具有宗教背景，而在官方的表揚讚語中，也都突顯他們個人的犧牲奉獻精神，並不強調其夥伴或組織的力量。例如，獲得二〇〇九年四川省首屆「道德模範事蹟」榮譽的林強，二〇〇五年起前往涼山州布拖縣的麻風村，拍攝了許多轟轟烈烈的照片，放上個人網誌，引起媒體關注而爭相報導。除此榮譽外，四川省精神文明辦公室還將該屆入選的三十二名道德模範人物事蹟集結成書，以響應「建國六十週年」以及《公民道德建設實施綱要》頒布八週年。

媒體上可見的林強個人事蹟相關畫面，常是他以慈善英雄之姿而拍攝的「感人熱淚」照片，施善主角和受援者之間的關係模式，往往是由上而下的單行道。這在國際援助發展的討論中，是最受批評檢討的一種模式，突顯的只是個人英雄式的、隨機性的、非常態永續性的慈善。

這樣的道德模範做法具有負面的社會效應：結構性的問題被表彰個體的光環遮蔽住了；擅長道德展演的人，不僅獲得了其所追求的模範榮譽，以此做為更進一步的政經資本，甚至成為政府壓抑真誠助人者的掩護。

重思「英雄」的定義與處境

二〇二〇年新冠病毒疫情之初，在中國，至少就有兩種類型的道德模範廣為人知，輿論稱他們為「英雄」或「巾幗英雄」。

「英雄」指的是那些建造雷神山、火神山等「方艙醫院」的工人。[22] 除了少數臨時加入的志願者外，多數是出門在外討生活的基層辛苦人，他們可能在求生計和愛國心的同時驅策下，冒險在疫情爆發時參與醫院建造。[23] 如媒體報導一名工人的說法：「像這樣『帶有光環』參與援建工程還是人生首次。」[24]輿論把他們捧成愛國工人，表揚他們的犧牲貢獻，有些人返鄉後甚至被地方政府選拔為「好人」代表。

但是後來，當部分工人表示薪資遭到拖欠時，輿論卻急轉直下。有些媒體強調，工人基於愛國心自己拒領工資，並非政府拖欠；也有輿論奚落這些工人，質疑他們不是為了國家犧牲奉獻嗎？怎麼討起工資來了？[25]「英雄」為了生計，不僅失去光環，連要求基本的權利都像是犯了錯誤。

至於「巾幗英雄」的例子，則是從甘肅前往武漢支援的十四名女性護理人員，她們被宣傳為因防疫需要而「自願」剃光頭，被稱讚是「最美逆行者」。[26]在上級與媒體的公開安排下，這群準備「出征抗疫」的「巾幗英雄」，即使不甘願也難以反抗，至多忍不住在落髮時流下眼淚。

同樣的，疫情爆發之初，各種訊息不明，醫療資源不足，病患大量湧入，在此情況下，第一線的醫護人員，不管自願或不得已冒著風險站上工作崗位，能抱怨險峻的工作環境？能拒絕無謂的犧牲嗎？

在高張的集體主義下，「英雄」經常承受違反人性的壓力，甚至若不符期待就可能淪為輿論伺機攻擊的對象。

這樣說，並非表示社會不需重視道德。而是為了強調，我們要能辨識清楚道德的界定和表達，是受到什麼力量的影響，以及道德模範的光環可能掩蓋了真實的問題。

如果道德模範只是彰顯感謝的由衷社會反應，但不據此要求模範者就該為集體犧牲，那是正面之事。無奈的是，現實上，道德模範隱含了小我為大我犧牲的必要性，成為眾人未能意識到的國家治理工具。

矛盾的是，對於社會主義而言，道德模範本質上是個悖論。社會主義的理念之一是打破封建階級和宗教迷信，也就是破除社會中的教條信仰。然而，道德模範的治理方式，卻是將人變成神佛聖人般的表率，不容脆弱、反差、不服從、獨來獨往的個性與人性。將人由平地送上神臺裝神聖，不是恰與反封建、反迷信的原則背道而馳？

民主社會也有可能在疫情激發的集體主義下推崇英雄等道德模範。但一般而言，民主制度下的公民社會較有可能進行多元反思。

在歐美，除了第一線的醫護人員外，社會大眾最常稱讚且信賴的英雄，並非政府官員，而是「科學家」，尤其是病毒學家、流行病學家等醫療研究專家，因為他們具備防疫與治療亟需的重要知識，而他們也多基於科學精神習於說真話。[27]例如，美國免疫學家佛奇（Anthony S. Fauci）為廣大美國民眾所信賴，他是國際頂尖的傳染病專家，參與白宮冠狀病毒工作組（White House Coronavirus Task Force），以其科學知識與專業精神，力撐著受到川普干擾的美國防疫。[28]

COVID-19大流行中，世界許多地方似乎可見重新定義「英雄」的趨勢，不只英雄平民化，英雄式的犧牲或奉獻也平凡化，哪怕小至暫時犧牲自由「在家防疫」也可能被視為英雄行徑；[29]《財星》雜誌選出各行各業的英雄代表，也可視為符合這種傾向。但不論如何定義，對英雄的稱許大多基於其在疫情下工作所面臨的高風險。

在危機之中，為國家、為集體奉獻的英雄化訴求，對於第一線工作者或受到徵召的人員而言，都可能形成難以擺脫的道德壓力。一個成熟理性的現代社會，不宜塑造、高捧「英雄」，而應深入探問「英雄」出現的真實處境。當社會期待醫護人員在疫情危機中仍能堅守崗位，社會的相應責任便該是瞭解構成其任務困境的原因，提供必要的理解與協助，甚至接納其無能為力的潛在可能。疫情中醫護人員的角色，正如成大醫院護理部兼任督導長柯乃熒於二月間所寫道的：

我們是凡人，但我們在防疫前線。[30]

「將神變回人」，「將英雄變回常人」。檢討第一線醫護人員以及疫情中其他骨幹勞動者（essential workers）的工作安全與裝備是否充分，比僅是稱揚其為英雄更加要緊。在仍未見明朗的「後疫情」時代，把握喘息片刻，從人性中看見神聖性，也從神聖性中理解人性。

1 Suresh K Pandey and Vidushi Sharma, "A tribute to frontline corona warriors––Doctors who sacrificed their life while saving patients during the ongoing COVID-19 pandemic," *Indian Journal of Ophthalmology* 68, Issue 5 (May 2020): 939-942.

2 Caitríona L. Cox, "'Healthcare Heroes': problems with media focus on heroism from healthcare workers during the COVID-19 pandemic," *Journal of Medical Ethics* 46, Issue 8 (2020): 510–513.

3 索菲婭・貝蒂薩（Sofia Bettiza），〈肺炎疫情：意大利護士用鏡頭記錄抗疫之戰〉，BBC News中文網，二〇二〇年三月二十日，https://www.bbc.com/zhongwen/trad/world-51973477。

4 Sofia Bettiza, "Italy's medical workers: 'We became heroes but they've already forgotten us'" BBC News, May 25, 2020, https://www.bbc.com/news/world-europe-52784120.

5〈防疫五月天台南遊　首站奇美博物館　黃偉哲：讓阿中部長團隊感受台南STYLE熱情〉，臺南市政府全球資訊網，二〇二〇年五月三十日，https://www.tainan.gov.tw/News_Content.aspx?n=13370&s=7677346。

6 陳朝福，〈護理師子女遭獵巫不准上學　高市衛生局譴責蒐證〉，中央社，二〇二〇年三月二十一日，https://www.cna.com.tw/news/aloc/202003210097.aspx；邱淑宜，〈護理人員和子女遭排擠　感嘆：社會沒有比SARS時進步〉，康健，二〇二〇年三月二十三日，https://www.commonhealth.com.tw/article/article.action?nid=81198。

7 江金英，〈從SARS到COVID-19：教學護理師的心得〉，記疫COVID-19培力工作坊，二〇二〇年九月十日，https://covid19.nctu.edu.tw/article/2133?fbclid=IwAR2-wUoW4_xhyhTvL4z54uP47r0cQr9RKcPBCdvkRKq9_nFHlHkxZYpNplQ。

8 "World's 25 Greatest Leaders: Heroes of the pandemic," *Fortune*, April 20, 2020, https://fortune.com/

worlds-greatest-leaders/2020/search/.

9 Neil Genzlinger, "Kious Kelly, a Nurse in the Covid Fight, Dies at 48," *The New York Times*, published March 31, 2020, updated April 16, 2020, https://www.nytimes.com/2020/03/31/obituaries/kious-kelly-dead-coronavirus.html.

10 "Female physician Dr. Shirin Rouhani Rad dies after battling coronavirus," NCRI Women's Committee, March 19, 2020, https://women.ncr-iran.org/2020/03/19/female-physician-dr-shirin-rouhani-rad-dies-after-battling-coronavirus/.

11〈肺炎疫情：李文亮調查報告終於出爐的時機與反響〉，BBC News中文網，二〇二〇年三月十九日，https://www.bbc.com/zhongwen/trad/chinese-news-51960989。

12 馮粒，〈國家監察委員會調查組已抵達武漢　全面調查涉李文亮醫生有關問題〉，人民網，二〇二〇年二月八日，http://politics.people.com.cn/BIG5/n1/2020/0208/c1001-31577306.html。

13〈肺炎疫情：李文亮調查報告終於出爐的時機與反響〉，BBC News中文網，二〇二〇年三月十九日，https://www.bbc.com/zhongwen/trad/chinese-news-51960989。

14〈湖北14名新冠肺炎疫情防控一線犧牲人員被評定為首批烈士〉，新華網，二〇二〇年四月二日，http://www.xinhuanet.com/politics/2020-04/02/c_1125806371.htm?fbclid=IwAR01nu60_qs0aLINoZOrv7W49VvJ0SELy5PstHKuXwKrNCOHAKU8TGTTr28。

15〈湖北14名新冠肺炎疫情防控一線犧牲人員被評定為首批烈士〉，新華網，二〇二〇年四月二日，http://www.xinhuanet.com/politics/2020-04/02/c_1125806371.htm?fbclid=IwAR01nu60_qs0aLINoZOrv7W49VvJ0SELy5PstHKuXwKrNCOHAKU8TGTTr28。

16《烈士褒揚條例》：http://politics.people.com.cn/BIG5/n1/2019/0810/c1001-31286870.html。

17 劉紹華，《麻風醫生與巨變中國：後帝國實驗下的疾病隱喻與防疫歷史》（臺北：衛城，二〇一八），頁四四三。

18 閆光宇，〈雷鋒到底是真是假？關於雷鋒的九大謠言〉，察網中國，二〇一八年三月二日，http://m.cwzg.cn/politics/201803/41332.html?page=full。此文反駁關於雷鋒的「謠言」，但也因而列舉了常見的九大質疑。

19 新華網的圖片與說明，比文字更能彰顯其隆重：http://big5.xinhuanet.com/gate/big5/www.xinhuanet.com/politics/2020-09/08/c_1126466215_2.htm。

20〈以國之名，致敬英雄！習近平向鍾南山、張伯禮、張定宇、陳薇頒授勳章獎章！這樣的祖國怎能不讓人熱淚盈眶〉，鏈聞 ChainNews，二〇二〇年九月八日，https://www.chainnews.com/zh-hant/articles/476462329513.htm。

21 劉紹華，《麻風醫生與巨變中國》，頁四四二—四四六。

22 尹海月、馬宇平，〈雷神山不知道他們的姓名〉，中青在線，二〇二〇年四月一日，http://zqb.cyol.com/html/2020-04/01/nw.D110000zgqnb_20200401_1-05.htm；劉以秦，〈火神山工人想回家：至少9人確診，生計暫難為繼〉，《財經》，新浪新聞，二〇二〇年三月十八日，https://news.sina.cn/gn/2020-03-18/detail-iimxyqwa1444921.d.html。

23 半聽星冰樂，〈這位方艙醫院的工人小哥火了！他說：自己只是普通人〉，觀風聞，二〇二〇年三月十八日，https://user.guancha.cn/main/content?id=264933。

24 尹海月、馬宇平，〈雷神山不知道他們的姓名〉，中青在線，二〇二〇年四月一日，http://zqb.cyol.com/html/2020-04/01/nw.D110000zgqnb_20200401_1-05.htm。

25 韓梅，〈助武漢趕建醫院卻被欠薪　工人討要反被毆打〉，希望之聲，二〇二〇年四月十六日，

https://www.soundofhope.org/post/367561?lang=b5。

26 徐美慧，〈甘肅護士被剃光頭引爭議　省婦聯：應尊重關愛一線女醫護〉，新京報網，二〇二〇年二月十九日，http://www.bjnews.com.cn/news/2020/02/19/691789.html；資雅雯，〈甘肅護士剃光頭馳援湖北抗疫，被宣傳為「最美逆行者」，你怎麼看？〉，端傳媒，二〇二〇年二月十九日，https://theinitium.com/roundtable/20200219-roundtable-zh-women-head-shave/。中國中央電視臺甚至於九月十七日推出「首部抗疫題材電視劇」《最美逆行者》，輿論褒貶不一。

27 Matina Stevis-Gridneff, "The Rising Heroes of the Coronavirus Era? Nations' Top Scientists," *The New York Times*, April 5, 2020, https://www.nytimes.com/2020/04/05/world/europe/scientists-coronavirus-heroes.html.

28 "Statement from the Press Secretary Regarding the President's Coronavirus Task Force," The White House, January 29, 2020, https://www.whitehouse.gov/briefings-statements/statement-press-secretary-regarding-presidents-coronavirus-task-force/; Cecelia Smith-Schoenwalder, "Fauci Disagrees With Trump's Claim About Rounding the 'Final Turn' on the COVID-19 Outbreak," *U.S. News & World Report*, September 11, 2020, https://www.usnews.com/news/national-news/articles/2020-09-11/fauci-disagrees-with-trumps-claim-about-rounding-the-corner-on-the-coronavirus-outbreak.

29 Scott T. Allison, "10 Examples of Heroism Arising From the COVID-19 Pandemic," University of Richmond Blog, April 4, 2020, https://blog.richmond.edu/heroes/2020/04/04/heroism-arising-from-the-covid-19-pandemic/; "Meet the Heroes of the Front Lines of the Coronavirus Fight," *Time*, https://time.com/collection/coronavirus-heroes/; Vikas Pandey, "Coronavirus: The hidden heroes of India's Covid-19 wards," BBC News, August 2, 2020, https://www.bbc.com/news/world-asia-india-53604691.

30 柯乃熒，〈【成大醫院防疫前線紀事1】感染管制中心：24小時運轉的防疫核心〉，國立成功大學，二〇二〇年二月五日，https://web.ncku.edu.tw/p/406-1000-203155,r2743.php?Lang=zh-tw。

第八章

標語

標語口號的運用，向來是為了宣導並促進從眾性，是一種動員群眾的策略。換言之，集體主義思維正是標語口號的依據。

標語口號在現代社會中的廣泛運用，與戰爭動員的歷史背景有關。就像臺灣戒嚴時期的「小心！匪諜就在你身邊」、「保密防諜，人人有責」等，諸如此類的標語口號，都是政府為提高民眾警戒的動員策略。

從一戰至今，現代國家中的標語口號運用，可能有不同的面貌與目標。其中，針對戰爭、危機等緊急狀態下產生的標語口號，是最值得反思的類型。二〇二〇年新冠病毒全球大流行以來，歷史似乎有重演之勢。

隨著COVID-19疫情蔓延，全球各地都出現關於戰爭的隱喻性口號。美國總統川普更在三月間，自封為「戰時總統」（Wartime President）。[1] 日本前首相安倍晉三曾將新冠病毒描述為「看不見的敵人」（見えない敵）。[2] 臺灣官方的宣導影片標題一律使用「防疫大作戰」。[3]

在視抗疫如作戰的思維和口號下，繼之根據不同目標，更多的標語紛紛出爐，成為號召民眾跟隨政策的方法。

比如，臺灣在全面管制入境以前，行政院長蘇貞昌在臉書發出「無代誌，莫出國」的標語，公告三月十七日起若非必要前往第三級疫情警告國家，將取消隔離補償金。

標語海報中的蘇貞昌，左手拿著紅哨子，右手舉起紅底黃字的「注意」牌，卡通形象則淡化了警告意味。[4] 三月間，美國醫護人員憂慮醫療負荷能量不足，為呼籲民眾在家防疫而提出溫情口號「I stayed at work for you／You stay at home for us」[5]，臺灣醫護人員將之譯為中文口號「為了你，我堅守崗位／為了我，請你堅守在家」，呼籲民眾「盡量不要去公眾場合趴趴走」，在家共同防疫。[6]

世界各國在疫情危機中都廣泛運用標語口號，以呼籲或動員民眾。不過，跟中國的防疫標語口號相比，大概都堪稱「小巫見大巫」。

中國本來就是標語口號大國，平時就隨處可見各式標語，從吐痰、邪教、生孩子、到國家危機，五花八門，一般人最熟悉的則是「為人民服務」這個冠軍口號。二〇二〇年春節前後，因應新冠肺炎爆發而在中國各地冒出的標語口號，更是令人印象深刻。

疫情中可見的標語，常把民眾當孩子似的連哄帶罵加威脅，像是「乖！戴好口罩！」、「老實在家防感染，丈人來了也得攆」、「發燒不說的人，都是潛伏在人民群眾中的敵人」、「現在聚集打麻將的都是亡命徒」；還有叫人憶苦思甜的，像是「待在家裡苦不苦，想想紅軍兩萬五」；恐嚇性標語堪稱主流，比如「現在請吃的飯都是鴻門宴」、

「不聚餐是為了以後還能吃飯，不串門是為了以後還有親人」、「今天走親訪友，明年家中剩狗」、「這裡沒有雷神山，沒有火神山，沒有鍾南山，只有抬上山」等。在諸多常見的標語中，將「隔離」比擬為「軟禁」的這一條，「在家時間長不長，比比當年張學良」，令我不覺莞爾，只是仍予人張冠李戴的奇異感，而且大概只有中老年人知其典故。

標語口號在中國成為日常生活的一部分，是從何時開始的現象？

有人認為中國最早的標語口號可能是反清標語。[7]為了取得民心，推翻一個朝代，革命就需要創造標語口號來凝聚民心、動員群眾。但是，中國歷史上以國家之名推出標語口號的全盛期，應該是中華人民共和國成立之後的事了，而以戰爭、革命、動員、群眾教育為目標的標語口號，為最大宗。

以下先回顧標語口號大興於一戰期間的歷史背景，再來思考當代疫病防治的標語口號。標語、口號或有不同，這裡並不細究區分，而是當成同一類的政府宣傳方式。

標語口號的發展小史

當代中國的標語口號之多，隨處可見，凡事可說，還生動押韻，常被認為是當今世界之最，實可謂中國特色。

不過，率先在緊急狀況下廣泛運用標語口號的國家，則非中國，而是一九一四至一九一八年間的一戰參戰國，包括發動戰爭的同盟國德國，以及對抗德國的協約國英國、俄國等國家。其中，被視為最成功、且流傳最廣的一個戰爭標語海報，就是「Your Country Needs You」（你的國家需要你）。這個口號搭配當時英國陸軍元帥基奇納（Lord Herbert Kitchener）的頭像，元帥以眼神直視、右手食指指向觀者的經典海報形象，深入人心。英國募兵機構充分運用這張標語海報動員愛國心，號召民眾自願從軍入伍，走上保家衛國的戰場。

英國士兵伯恩斯（Robert Burns）正是受此海報感召而投身戰役，於一九一五年參與著名的「西線戰事」（Western Front）。二〇一一年他回憶那幅海報的影響：「你去到格拉斯哥（Glasgow）任何地方，到處都有基奇納元帥的巨幅海報手指著你。無論你在哪裡，手指頭就像是指著你說，『你的國王和國家需要你』。」[8]

不過，這張標語口號的海報設計，最初並非為了募兵之用，而是英國漫畫家和插畫家李特（Alfred Leete），為一九一四年九月五日當期的《倫敦意見》（*London Opinion*）雜誌所繪的封面，這種簡易口號的風格是戰前即常見的商業廣告手法。當時《倫敦意見》刊登許多與戰爭有關的漫畫和插畫，引起廣大讀者的興趣，讓雜誌銷量提升不少。而這一期雜誌封面刊登基奇納陸軍元帥的頭像與口號，立刻引起英國募兵組織的注意，將它複製成明信片發行，做為召募新兵的宣傳之用。

之後，以「Your Country Needs You」這句標語為基礎，陸續又發展出各式各樣的口號和海報，如「You are the Man I Want」（你就是我需要的人）、「Your King and Country Need You」（你的國王和國家需要你）、「Don't Imagine You are Not Wanted」（不要以為不需要你）等，在英國各地出現。

其他國家隨後也運用類似的標語和海報設計，來動員群眾，在英國之外最有名的就是一九一七年美國漫畫家和插畫家佛雷哥（James Montgomery Flagg）改編的海報「山姆大叔」（Uncle Sam）。山姆大叔是美國的象徵，在海報中他也是直視、手指著觀者：「I

Want You for U.S. Army」（我要你加入美國軍隊）。[9]

一戰期間，俄國也同樣使用標語口號來動員工人與農民，但主要不是國家為了對外戰爭的募兵目標，而是紅軍鼓吹工農兵加入內戰革命。最有名的海報是一九一七年俄國藝術家莫爾（Dmitry Moor）所畫的海報「你參軍入伍了嗎？」（Have You Enlisted in the Army?），一名紅軍士兵身後是冒著黑煙的工廠，和基奇納元帥一樣手指著觀者，動員俄國工人加入十月革命。[10]

俄國爆發二月與十月革命後，於一九一七年成立蘇維埃俄國（Soviet Russia, 1917-1922），之後又經歷了紅白派對抗的內戰。在這段期間，標語口號是很重要的革命動員方式，用來宣導馬克思的革命理念與精神。這種大量使用標語口號以動員革命的模式，不僅後來的蘇聯（1922-1991）繼續沿用，其他的社會主義政府也跟隨仿效，包括紅軍時期的中國共產黨和一九四九年後的中國。

在中華人民共和國成立之前的長征期間，中國共產黨即很重視標語口號，並訂下準則。一九三四年十月九日，紅軍總政治部發布指示，要求士兵多在牆上寫標語。中共仿效俄國發行的《紅星報》，是紅軍長征中的黨中央機關報，號召標語競賽：「凡是

London opinion "Your country needs you" / Alfred Leete. Great Britain, 1914. London: Printed by the Victoria House Printing Co., Ltd. Photograph. https://www.loc.gov/item/93517736/.

I want you for U.S. Army: nearest recruiting station / James Montgomery Flagg. United States, ca. 1917. Photograph. https://www.loc.gov/item/96507165/.

能寫字的戰士，每人練習寫熟一條至十條標語。」於是，在號稱「兩萬五千里」的長征途中，紅軍運用標語口號宣傳革命路線、方針、政策，反擊國民政府對中共的負面宣傳，在農村各地寫下「實行土地革命」、「窮人不還富人債」等「壁上的指南」。這些標語口號被中共視為「喚醒了群眾，點燃了革命火種」。[11]

中共建政後，繼續使用標語口號的治理策略。以至於當代中國的標語口號之多，凡是需要動員群眾的政策，都能創造標語口號向民眾呼籲，以期眾人朗朗上口、口耳相傳。

以各種傳染病的防疫為例，戰爭動員式的標語口號比比皆是。一九五〇年，第一屆全國衛生會議就提出了「衛生工作與群眾運動相結合」這個口號，將衛生防疫類比為一場具革命性的軍事化行動。這種防疫與軍事的隱喻連結，在一九五〇至一九五三年間的「朝鮮戰爭」（韓戰）時達致高峰。戰爭期間，全國各地推展以「抗美援朝」為基調的「愛國衛生運動」，主要目的是「徹底打敗美帝國主義的細菌戰」。

「愛國衛生運動」要如何打贏「美帝國主義的細菌戰」？實際上，就是以作戰的精神和動員，進行「除四害」的滅蟲防疫、衛生消毒的全民運動。所謂的「四害」，也不是「美帝」散播的細菌武器，而是地方常見的「老鼠、麻雀、蒼蠅、蚊子」。

如今回看這些當年的海報，令人發噱。比如一張一九五二年的「朝鮮戰爭」海報，用大紅字體寫著「細菌也救不了美國強盜的命」。另一張一九五二年的海報也很有趣，是中央衛生部宣傳處製作的「水與疾病」海報，內容不過是水與蚊蟲疾病關聯的普通衛生教育，海報兩側卻寫著「人人都來參加愛國防疫衛生運動，徹底打敗美帝國主義的細菌戰」。[12]

在舉國動員、草木皆兵的精神狀態下，眾人可是真的把疾病與帝國主義當成同一回事。日常生活的各種小習慣也都可能被說成與反帝、愛國有關。口號喊多了，即使敵人也聽不見，仍具有挫敗敵人士氣以提升自我士氣的想像效果。

從以上的英國募兵海報標語「Your Country Needs You」，到中國「愛國衛生運動」的各種口號，清晰可見標語口號的作用，正是將國家政策轉化為簡短的話語，企圖以此達到全民動員的精神效果。

U.S. National Library of Medicine, Digital Collections, NLM Image ID: E00172

U.S. National Library of Medicine, Digital Collections, NLM Image ID: E00103

標語口號的效用與副作用

標語口號這種宣傳工具是否一定有效？這個問題的答案，可能得回到特定的時空背景，分析當時的國家與社會狀況，才能判斷。甚至，對於所謂效用的評斷，或許需要更進一步拉長時間的檢驗，才能知道「弊」是否大於「利」。

但是，可以確認的是，一戰期間，因為戰爭而出現的時代心理狀態，包括擁護領袖、崇拜英雄、舉國動員等，經常反映在標語口號上。不過二戰以後，這些現象已逐漸遞減。以西歐和美國為主的西方世界，由於政治民主化和世俗化，加上追求和平、避免戰爭的共識，多數國家已較少繼續運用這類話語做為日常的政治動員或治理工具。

今日偶爾我們仍可能在歐美地區看到一些對抗疾病的戰爭隱喻口號，如美國的「反毒戰爭」（War on Drugs）、「抗癌之戰」（War on Cancer）等，或者反向將敵人疾病化的修辭，如二〇一四年八月美國總統歐巴馬對恐怖主義宣戰，誓言「我們得花時間根除伊斯蘭國（ISIS）這顆惡瘤」。[13] 不過，使用這類修辭的多為疾病宣導組織，或是特殊狀況下的政治人物發言，戰爭與疾病的集體性修辭不再是影響一般民眾日常生活的重要口號。

總體而言，戰爭動員式的標語口號在二戰後大幅式微，尤其是歐美或民主國家。

但是，近年來，歐美諸國在民粹主義的潮流下，少數政治人物開始廣用標語口號來號召群眾，影響甚深，例如美國總統川普基於國家至上主義和國際權力競爭而高喊「美國第一」（America First），就是一個例子。川普善於運用口號達成動員群眾的目的。又如，美國反種族主義者喊出「Black Lives Matter」（黑人的命也是命），抗議（尤其是警方）針對非裔公民的系統性歧視與暴力，呼籲美國社會重視公平正義。然而，在美國COVID-19的大流行混亂中，種族主義者持續妄為，川普不面對「Black Lives Matter」的呼籲，反以另一個標語口號「Law and Order」（法律和秩序），來號召支持者反擊，一舉將抗議種族歧視的合理性反打成非法與失序。換言之，標語口號似乎有再度與國家主義、種族或階級對立密切牽扯的趨勢。

相較於歐美，今日的中國，由於無時不處在對抗「帝國」的精神狀態，使用標語口號做為動員群眾、向民眾喊話的日常治理工具，不曾式微，至今仍隨處可見。

但是，中國畢竟幅員廣袤，又經歷過劇烈的社會變遷，內部區域的發展差異相當大。如今，依然仰賴標語口號的地區，大多是人群的貧富差距仍較為顯著的發展中地區。在這些區域，民眾的教育程度也可能偏低，地方政府或幹部為了達到快速的宣傳效果，提出的許多標語口號水準依舊和早年一樣。政策訊息的傳遞強調簡單化、通俗化、口語好記、不用思考，以求民眾在朗朗上口的誦念中，達到將標語口號傳播、內化與實踐的效果。

諸多重要的標語口號甚至打破中文以意義為主的文字特性，經常縮寫簡化，例如「多快好省」、「三個代表」、「一帶一路」等短語。口號去脈絡化的同時，也保留了詮釋空間，讓有心人得以疊加各式修辭和引申，呈現出中國標語口號的另一文字特色。

在今日中國，一般的政府幹部究竟還會製造哪些類型的標語口號？大致上，除了緊急狀況或上級下令外，這可能端看負責幹部的想法而定。通常，某類型的標語口號之所以出現，是因為當地領導幹部認為民眾缺乏什麼，就訓誡什麼；少了什麼，就高喊什麼。但大張旗鼓的宣導，也可能只是幹部們的一廂情願，與常民的生活脫節。

以我在涼山進行的愛滋與毒品的田野研究為例，那裡在二十一世紀之初成為愛滋重災區，一開始主要是因為不當注射海洛因所造成的流行病。二〇〇二年我第一次造訪主要的田野地點利姆鄉時，立刻被路旁牆上斗大的紅色和白色標語吸引，像是「遠離毒品」、「預防艾滋病」、「潔身自好」、「打一場禁毒防艾人民戰爭」等，在那個海拔一千九百公尺以上的貧窮村寨裡，也會赫然出現一排醒目的大字，寫著：「伸出你的手，給艾滋病病人一份關懷。」設立這些標語，似乎意味著當地的愛滋汙名已經造成病患權益受損，因此地方政府必須介入，向民眾強調同理心的重要性，以改善情況。

然而，實際上，我後來的研究發現，彼時在當地的鄉民間，幾乎不存在愛滋汙名的問題。那麼，沒有愛滋汙名，為何還需要呼籲民眾不要歧視愛滋患者、而要關愛他們？更何況，當地的鄉民大多不識漢字，根本看不懂這些標語口號。看得懂這些文字的，主要是外來的幹部、小學老師或遊客。也就是說，這些標語口號是為了配合政策而噴漆上牆，並不是為了與當地民眾溝通之用。主要的目的未達成，卻反而引起外人對此村寨的恐懼和歧視，甚至弄巧成拙，將愛滋汙名引入鄉民之中。[14]

在這種情況下，標語口號並不是有效的宣傳工具，只是顯示幹部有在做事的形式工具。

新冠疫情下的反思

涼山「禁毒防艾」的標語帶來的啟示就是，標語口號的存在，反映的是幹部的政策負擔，以及幹部配合政策的表現。至於標語口號是否有用，並非幹部在意的重點。

因此，在新冠病毒疫情中看到的中國標語口號，其單向訴求或訓話的口吻，依然呈現歷來標語口號的共通性，以及「奧妙」的文字特性。例如，有個公園標語寫著，「帶病入園非英雄，發熱隔離真好漢」，歷史江湖味雖然好過威脅恫嚇，但卻是莫名其妙；又如這個都會文青風格的標語，「人生在獨處中昇華，寂寞是一種美麗」，算是較為少見的溫和，只是連防疫都可文青浪漫，仍令人摸不著頭緒。

在中國日常生活中隨處可見的標語口號，除了呈現國家特色外，也顯示出「幹部文化」，突顯並不重視雙向溝通的官民關係。通常，幹部為了配合政策的急迫性，大聲呼籲，但缺乏充分的時間與民溝通，他們可能也沒有習慣去溝通。因此，標語口號常是「我手寫我口」，如果幹部的「口」很粗，寫出來的標語口號就可能一樣粗。

一九四九年左右，中國約有八成人口是文盲，二〇一五年左右，估計已降至三・

六％。中國社會若追求平等尊重，或欲達成有效的政策溝通，即使仍慣常使用標語口號，也該提升其文化水準和語言邏輯。

同樣的，如果一個民主社會陷入民粹主義，利用標語口號施展精神動員模式，將民眾帶入戰鬥式的心理狀態，那樣的標語口號，即使文字合理，如同川普喊出的「Law and Order」，文字背後的操弄動機卻令人憂心。

標語口號的運用，向來是為了宣導並促進從眾性，是一種動員群眾的策略。換言之，集體主義思維正是標語口號的依據。

國家對於群眾的動員徵召，常見如募兵入伍、愛國主義、擁護領袖，又如COVID-19大流行中的口罩「國家隊」、歐美醫護學生赴臨床「前線」支援救急等，這些集體主義思維下的標語口號和行動，即使有時利於社會福祉，卻也可能對意見不同的個體帶來社會壓力。[15]

如何避免集體主義對個人權利的侵害，是民主社會應慎思之處。以美國哥倫比亞大學的做法為例，三月紐約疫情爆發之初，該校醫學中心人員全力投入防疫救治，但亦規定：不得讓學生照護COVID-19患者。然而，疫情迅速擴大，許多醫護也病倒了，醫療人手嚴重短缺，該校護理學院調整實習、工作與教學設計，派出學生擔任有給薪的護理技術人員，在指導之下，協助抽血或照顧其他非COVID-19患者等風險較低的工作。但COVID-19患者很快就多到幾乎占滿醫院，醫院又與學校協商要求派出護理學生支援，校方才終於同意讓學生照護COVID-19病人，但告知學生風險，並強調學生有權拒絕任務，抉擇無關乎羞恥，請學生和家人自行決定。於是，四月間，一百八十名護理碩士生中，八十五位簽下契約投入工作。[16]

在危機之中，不論這些動員現象當下存在的正當性或效益如何，對於任何集體主義傾向的逆向思考，是追求民主平等與透明治理的社會必要且須練習的反省能力，這是標語口號的歷史和現況帶給我們的前車之鑑與他山之石。

1 許多媒體輿論對川普的「自封」頗不以為然，例如：Caitlin Oprysko and Susannah Luthi, "Trump labels himself 'a wartime president' combating coronavirus," Politico, March 18, 2020, https://www.politico.com/news/2020/03/18/trump-administration-self-swab-coronavirus-tests-135590; David Smith, "Trump talks himself up as 'wartime president' to lead America through a crisis," *The Guardian*, March 22, 2020, https://www.theguardian.com/us-news/2020/mar/22/trump-coronavirus-election-november-2020; Sam Kleiner, "What a Real Wartime President Does," Democracy Journal, April 30, 2020, https://democracyjournal.org/arguments/what-a-real-wartime-president-does/; Annie Karni, Maggie Haberman and Reid J. Epstein, "'Wartime President'? Trump Rewrites History in an Election Year," *The New York Times*, published March 22, 2020, updated March 25, 2020, https://www.nytimes.com/2020/03/22/us/politics/coronavirus-trump-wartime-president.html.

2 Haruka Murayama, "Looking for the right words during the pandemic," *The Japan Times*, May 5, 2020, https://www.japantimes.co.jp/life/2020/05/05/language/japanese-language-nihongo-coronavirus-pandemic/#.XvuQwJNKjsE.

3 衛生福利部疾病管制署，〈防疫大作戰　樂活防疫FUN暑假〉，YouTube，一分鐘，二〇二〇年八月二日，https://www.youtube.com/watch?v=r8ZjkPjNoNk。

4 陳鈺馥，〈無代誌莫出國！　蘇貞昌：沒必要去第三級疫情國家〉，自由時報電子報，二〇二〇年三月十六日，https://news.ltn.com.tw/news/politics/breakingnews/3101668。

5 "Minnesota hospital workers: 'I stayed at work for you, you stay at home for us'" Bring Me The News, Mar 19, 2020, https://bringmethenews.com/minnesota-news/minnesota-hospital-workers-i-stayed-at-work-for-you-you-stay-at-home-for-us.

6 編輯中心，〈醫護高舉「最美防疫標語」 3.5萬人力挺讚爆：真的謝謝〉，NOWnews今日新聞，二〇二〇年三月二十日，https://www.nownews.com/news/20200320/3995633/。

7 朱文倩，〈小議中國的標語口號〉，《語言應用研究》，https://www.ixueshu.com/document/ea9e6a86b7ad2c2dde6a20b291710a51318947a18e7f9386.html。

8 James Taylor, *Your Country Needs You: The Secret History of Propaganda Poster* (Glasgow, Scotland: Saraband, 2013), p. 25.

9 James Taylor, *Your Country Needs You: The Secret History of Propaganda Poster.*

10 相關海報請見：https://www.sovietposters.com/。

11 宋哲，〈長征中的標語口號〉，《黨建文匯．上》（二〇一六年八期），http://m.fx361.com/news/2017/0307/990775.html。

12 劉紹華，《麻風醫生與巨變中國：後帝國實驗下的疾病隱喻與防疫歷史》（臺北：衛城，二〇一八），頁七五。

13 The New York Times, "Obama: ISIS a 'Cancer' That Must Be Extracted," YouTube Video, 1:38, August 21, 2014, https://www.youtube.com/watch?v=P9KXVPiw2sl.

14 劉紹華，《我的涼山兄弟：毒品、愛滋與流動青年》（臺北：群學，二〇一三），頁二六五—三〇六。

15 例如：褚士瑩，〈「我OK，你先領」背後的情緒是什麼？〉，獨立評論在天下，二〇二〇年三月八日，https://opinion.cw.com.tw/blog/profile/400/article/9160。

16 Paul Hond, "Future Nurses on Call: Columbia Nursing Students and Faculty Nurse Practitioners Confront a New Reality," *Columbia Magazine*, Spring/Summer 2020, p. 11.

第九章

隱喻

隱喻可能產生正面的集體主義效果。
但是，若將時間拉長、視野放寬，
看起來效果正面的防疫動員，
卻也結下了揮之不去的隱喻惡果。

隱喻是語言的常態，表現出人類生活中無所不在的類比思維。甚至可以說，完全不使用隱喻，人類將難以認知世界、溝通表達、發展自我、創造文化。[1]

然而，美國作家蘇珊・桑塔格（Susan Sontag）在其《疾病的隱喻》（*Illness as Metaphor and AIDS and Its Metaphors*）名著中，批判關於疾病的隱喻性思維與用詞。此書比較十九世紀的肺結核和二十世紀的癌症、愛滋，認為疾病隱喻經常展現社會對患者的偏見與歧視，因而呼籲停止使用疾病的隱喻。她認為社會對待疾病最真誠的方式，而且也是讓患者看待疾病最健康的方式，就是盡可能地消除或抵制隱喻性的思考。[2]

疾病隱喻的負面影響的確無所不在。每當新興傳染病出現，人們就擔心「瘟疫」降臨，立刻喚起眾人恐慌，各種缺乏理性思考或法律約束的自保和歧視反應，都可能出現。要是發現哪位男性感染愛滋，旁人可能直覺此人是「同志」，或質疑其行為不檢。要是聽聞親友罹患癌症，一般人最擔心的問題就是「還有救嗎？」但是，我們若能平靜理性地思考，應該能理解因果連結並非這麼簡單，傳染病不一定是「瘟疫」；愛滋，也不一定和同性性行為有關；癌症，更不代表是絕症。

人們在日常生活中使用疾病隱喻，有時並不自覺，有時則刻意為之以達特定的語言效應。如美國前總統歐巴馬曾形容恐怖主義是「癌症（惡瘤）」[3]、新冠病毒疾病被稱為「中國病毒」或「武漢肺炎」等。

疾病隱喻的負面效應，正是世界衛生組織不採用新冠病毒的學名SARS-CoV-2來稱呼COVID-19這個新興疫病的考量，避免引起不必要的恐慌。[4]只是未料，這回新冠病毒引發的疫情，比SARS更為嚴重，出現更廣泛的全球性恐慌與大流行。

無論如何，由於隱喻的影響力可能無遠弗屆，因此對隱喻敏感便是對人性謹慎。二〇二〇年COVID-19全球大流行，世界各地都因此創造出諸多新名詞、新口號，其中一個顯著特色就是語言的「醫療化」和「戰爭化」。[5]就像在臺灣，疫情以來的常見相關用語如「防疫大作戰」、「社交距離」、「普篩」、「廣篩」、「居家隔離」、「居家檢疫」、「自主健康管理」、「集中檢疫」、「科技防疫」、「電子圍籬」、「大數據精準防疫」、「防疫國家隊」等，民眾朗朗上口，卻不一定全都明白實質意涵。新冠病毒疫情下的新興語言和隱喻現象，值得學者進一步觀察、分析與討論。

現實和隱喻

在人們經常使用的隱喻類型中，「疾病隱喻」是最常見的一種。因為人類必然經歷生老病死苦，所以，跟疾病有關的隱喻通常是負面的，若未反思，甚至可能和社會中的其他既定刻板印象結合。

當現實和隱喻一旦劃上等號，兩者之間的關聯便在社會中潛移默化，慢慢深入人心，即使之後人們發現，這種對等關聯並不準確，甚至錯誤荒謬，既定的現實和隱喻對等關係，也不一定能夠移除。也就是說，隱喻可能超越現實，成為獨立且本質化的存在，深植人心。

另外也值得思考的是，儘管疾病是不可避免的普世生物現象，不同社會中人對於疾病的認知與反應，卻常出現跨文化的差異，這是因為認知反應除了受到生物性的影響外，在語言和概念的分類表達上則往往是由特定的社會文化所定義。

例如，我曾在中國涼山彝族地區研究愛滋病，疫情之初，那裡和世上許多地區很不一樣，當地鄉民並不害怕、也不歧視愛滋病。原因之一是，當地人認為疾病是由鬼怪或失魂落魄所引起。涼山彝族文化對於人世的不安與病痛自有一套詮釋體系，據此分類疾病和施行治療儀式。而在這個傳統裡，愛滋尚未成為一種疾病類別。我曾訪問過一名當地的儀式治療者，他這樣解釋：「我不知道有什麼愛滋病。我就是看病人身體裡的症狀，根據經書來找出是什麼鬼的問題。所有的症狀經書裡都有記載，沒有愛滋病鬼。」[6]

疾病隱喻可能反映文化模式和社會意義，文化模式和社會意義也可能影響疾病隱喻的形成，兩者互為關聯。而且，疾病隱喻不只影響我們對於疾病性質的定義，也影響我們對於疾病的處置方式。

「防疫大作戰」就是一個顯著的隱喻用語，定義了疾病的性質與處置方式——把公衛防疫比喻成戰爭，提升至國家安全的高度。就此而論，「防疫大作戰」並非一個簡單的口號，或只是語言修辭而已，修辭、口號對實務產生的影響才是值得關注的重點。

在某些情境下，疾病隱喻的作用可能很大，尤其當面對大規模的人群集體時，效應可能如同信仰的象徵意義一般巨大。以下我藉由經典的痲風隱喻為例，來討論疾病隱喻的影響，尤其是隱喻之惡。

麻風的種族隱喻及其延伸

麻風是人類最古老的傳染病。世界各地的考古發現與文史典籍裡，都記載了麻風的深遠歷史。

《聖經．利未紀》中，就有許多關於麻風之類疾病的記載，如第十三章說：「人的肉皮上若長了瘡子，或長了癬，或長了火斑，在他肉皮上成了大痲瘋的災病，就要將他帶到祭司亞倫或亞倫作祭司的一個子孫面前。祭司要察看肉皮上的災病，若災病處的毛已經變白，災病的現象深於肉上的皮，這便是大痲瘋的災病。祭司要察看他，定他為不潔淨。」

《論語．雍也篇》裡也記錄孔子哀嘆品德高尚的弟子冉伯牛竟然也罹患麻風，因而哀嘆：「亡之，命矣夫！斯人也而有斯疾也！斯人也而有斯疾也！」。

古今中外，對麻風的恐懼隱喻，從未停歇。中國自古以來，對麻風以「癩」、「癘」等疾稱之，臺灣以前也稱此疾為「癩病」，在華文世界中，麻風最主要的隱喻就是高度汙名的「惡疾」；而在受到《聖經》影響的基督宗教世界裡，麻風則是遭受「天譴」的不潔疾病原型。

十九世紀帝國殖民時期，種族主義盛行，英美為主的西方世界把痲風當成「華人」疾病，因而出現許多排華舉動。例如，一八七一年，一名華人痲風患者被視為「入侵」美國，舊金山當局把他送到天花醫院，將他和其他惡性傳染病患者關在一起。幾年後，這間醫院的華人痲風患者又被分開隔離，不得與白人同處，當局甚至將部分華人患者驅離出境、引渡香港。一八八〇年代，美國之外，如加拿大、紐西蘭、澳洲等大英國協成員國，也同樣將痲風病種族化，限制華人移民。大致上，在十九世紀末的西方話語裡，出現一種種族化的隱喻性觀點，即把華人當作痲風感染源。[7]

但是，事實果真如此？並不盡然。當年世界諸多地區都出現痲風疫情，即使中國確實有眾多痲風患者，也不是唯一的大疫區。痲風是人類最古老的傳染病，在亞洲、非洲、美洲都相當盛行。痲風可謂溼熱氣候地區的一種風土病，在衛生狀況或營養不佳的貧窮農漁村中更是常見。中世紀歐洲的痲風疫情相當普遍，十四世紀後西歐因為生活與醫療水準提高，疫情才明顯下降，到了十七世紀西歐的痲風疫情也才消失。而十九世紀末的北歐挪威，仍有許多痲風患者。挪威在一八五六年建立的全國痲風統計，被視為世界上第一個國家疾病統計資料庫。挪威醫師正是依據這個資料庫，首度提出流行病學的歸納證據，認為麻風是一種傳染病，開啟了現代科學的麻風研究。[8]

然而，即使科學研究已確認麻風的感染源是麻風桿菌，二戰後治療麻風的藥物也已問世，但在歐美等地，令人畏懼的麻風意象依然長存。儘管疾病從日常生活中淡出了，卻以隱喻的方式再現。[9]

例如，一九八〇年代愛滋疫情爆發，「新麻風」或「二十世紀的麻風病」的隱喻一度湧現。麻風與愛滋這兩種疫病雖然在醫療衛生上有所連結，如流行區域多所重疊，常見於發展中地區，在神經診斷、免疫力與治療方面也可能相關。不過，真正讓兩者並列之因卻無關乎科學理性，而是兩種疫病同受高度汙名。[10]

中國的麻風隱喻和戰疫

前面提及麻風隱喻的兩個層面，一是天譴、不潔等令人恐慌的「惡疾隱喻」，還有與華人有關的「種族隱喻」。這兩層隱喻的結合，讓中國承受有如「東亞病夫」的國際汙名，指向了十九和二十世紀時中國的公衛問題。由於此一集體汙名，麻風也因而又被附加了民族主義的「政治隱喻」，讓中國近現代呼籲改造國族體質的民族主義者，都冀望於開展公共衛生，以剷除麻風。

中共建政後，更進一步闡釋了麻風的政治隱喻。當時，中共視鴉片菸癮、性病、肺結核、血吸蟲病、麻風等疫病為「國恥」，認為這些疫病令中國衰弱，受到西方帝國的歧視和欺侮，因此必須消滅，以重建中國體質。其中，麻風的主要患者多為農民階級，因而成為中共關注勞動人民的標誌性疾病。於是，麻風又有了第四層隱喻，也就是社會主義的「階級隱喻」。

簡言之，從一九五〇到一九八〇年代的中國，麻風不僅背負著先前的惡疾與種族汙名隱喻，在建國大業下又多了跟政治和階級有關的兩層隱喻。

於是，動員群眾集體抗疫，就和「徹底打敗美帝國主義」的「愛國衛生運動」一樣，成為中共的重要目標。並且在「愛國」、「反帝」的戰爭隱喻中，採行了軍事化的手段。

軍事化是什麼概念？簡單說，就是強制指派、強制隔離、中央集權、服從命令。

一九五六年，中共中央公布《一九五六至一九六七年全國農業發展綱要（草案）》，在這個以農業為名的政策中，納入了農村衛生防疫，指出「從一九五六年開始，分別在七年或者十二年內，在一切可能的地方，基本上消滅危害人民最嚴重的疾病」，血吸蟲病、鼠疫、瘧疾、天花、性病、肺結核、麻風等疾病，都被點名。一九五七年則在山東濟南召開了第一屆全國麻風防治工作會議，積極展開麻風防治。

然而，麻風是受到高度汙名歧視的疾病，要動員民眾自願投入防治並不容易。例如，一九五一年在雲南，民眾因為恐懼而向縣委書記反應，要求燒掉病人，幹部就以救濟之名，把病人騙了集中起來，總計燒殺了一百一十名患者。[11] 六年後，一九五七年，廣東當地仍發生四百位民眾因為恐懼，拿著鋤頭和刀，拆除麻風病院的牆，驅逐病院幹部，當地公安在衝突中向民眾開槍，造成五人死亡、八人受傷。[12]

從這兩個例子我們可以想像，當時對於麻風的恐懼歧視仍舊非常強烈。那麼，要如何開展麻風防治的工作？首先第一個大問題便是：醫療衛生人員哪裡找？

自從西方傳教士將生物醫學引入中國以來，麻風主要是放在皮膚病的科別裡。但是，在一九四九年之前，皮膚科並非中國醫療界的主要專科。

中國著名的皮膚科醫師李洪迴（1908-1993）曾回憶寫道，以首屆一指的北京協和醫學院為例，自傅瑞思（Chester. N. Frazier）於一九二一年在協和創立皮膚科，到一九四一年的十九年間，傅瑞思在三位來自德國、英國和美國的教授協助下，培養出八名中國皮膚科醫師，其中便包含李洪迴本人、北京胡傳揆與上海李家耿等著名醫師。中國本地皮膚科醫師的人才養成不易。[13]

此外，一九四九年後，創建中國生物醫學的外國傳教士幾乎都被驅逐出境，中國本地醫師本就不多，外國醫師又多離開。大規模的全國性麻風防疫就要展開了，如何是好？

長話短說。一九五〇年代一開始的做法，是留用民國時期即曾有麻風防治經驗的機構人員，包括原來的教會和公立麻風病院、防治所的人員。另外，也新增人力管道，包括從現有的醫學院教授、醫療衛生人員、醫學院畢業生中指派原本並未接觸過麻風專業的人，來從事麻風防治。

至於指派的標準，官方不曾公開說明過，但根據我長年的研究，尤其我曾訪問許多資深麻風醫生，從他們的生命史口述中，或是個人的紀錄來看，幾乎都是家庭政治成分不好、或是犯過錯誤的人。而這些醫療人員，當時完全沒有選擇餘地，無法推拒指派，只能接下任務，且在階級和愛國主義的隱喻影響下，不斷被教育或自我說服是「為人民服務」，認分地投入麻風防疫。

總結來看，麻風連結了惡疾、民族主義、階級等多層次的隱喻，而在這樣多重隱喻之下所展開的麻風防疫，發揮了集體動員、強制執行的效果，讓中國在一九八〇年底，達到世界衛生組織提出的麻風威脅解除標準，即全國盛行率低於萬分之一。中國於三十年內達成此防疫目標，與彼時人口眾多且麻風盛行的大型發展中國家相比，如印度、巴西等，防疫成果尤其醒目。

從以上的麻風案例可以看出，疾病隱喻的力量很大。在國際上，隱喻可能帶來汙名歧視，造成排華舉動與刺激中國民族主義者的衛生革新念頭；在中國之內，隱喻可能擴大防治動員規模，發揮精神號召的抗疫作用。

的確，隱喻可能產生正面的集體主義效果。但是，若將時間拉長、視野放寬，看起來效果正面的防疫動員，卻也結下了揮之不去的隱喻惡果。

戒慎使用隱喻

隱喻的出現和運用，至少包含兩個層次的意義，即刻板印象與創新。也就是說，人們可能運用既有的社會默契，通過隱喻傳遞一種定性標籤，直接將不同的事物類比，視之為理所當然，這是刻板印象。甚至，由於隱喻具有心照不宣的特性，人們還可以利用隱喻，加以延伸，達到擴展類比的效果，用隱喻來包裝、掩飾真實的用意，這是創新。

這便是一刀兩刃的意涵。隱喻能帶來達成目標的效率，也能帶來心照不宣或意想不到的負面效應。操弄隱喻帶來的負面效果，是最令人憂心的後果。

從前述中國麻風防治的例子來看，等於是把具有多重負面隱喻的麻風病，和具有負面政治階級隱喻的人串在一起。政治成分不好的醫療人員，被迫從事醫療界認為最底層的醫療工作、去照顧位於社會底層的麻風病人。疾病、政治與醫療上的負面隱喻加乘的結果，就是汙名歧視變得比以前還要牢固。

換言之，表面上麻風防疫成功了，但實際上，醫療人員和病患所承受的情緒壓力和汙名歧視，從未消失。這也是為何儘管一九八〇年代中國已初步防疫成功，但後繼的防治工作面臨很大挑戰，新一代的醫療人員仍不願參與這個至今依然飽受歧視的疫病防治。一個不曾檢討隱喻使用的社會，麻風的負面隱喻便始終存在。

中國的麻風防疫提供世人的歷史教訓是，應避免疾病被汙名歧視、民族主義、種族區別、階級劃分等教條隱喻給定性，也不宜輕易地在防疫中使用戰爭隱喻。戰爭隱喻、軍事化防疫的口號最初可能只是為了表達決心、動員群眾，但在隱喻性口號喊得震天價響之際，即可能忽略極端隱喻引發的不當聯想與做法，以為在緊急狀態下，可以容許不惜一切代價、用盡各種手段，只為打贏戰爭。像是把病毒帶原者當成敵人，為了抗疫，忘記病人需要的是醫療照護，而不是將其視為敵人一樣排斥、隔離、消滅。又或者，基於高度戒慎敵我之別的對立心態，人群之間不斷劃界，甚至超越既有法律而強行定義「自我」與「他者」的權利區隔。防疫成為人與人的對抗。

在此類極端隱喻下進行的防疫，容易迴避掉社會進步須有的公開討論與人道關注，製造出非比尋常、出乎預期的「例外狀態」。

前面曾提到，人們對於疾病的反應，往往深受社會文化影響。不過，文化是可能變遷的。尤其，在文化交流頻繁的全球化時代，跨文化的溝通，也可能促成不同社會中隱喻的生成、流轉、反思或終止。

如同疫病的世界史所示，疾病隱喻與人群政治始終糾纏，以隱喻之名的行為或動員一再重演。但歷史的前車之鑑也總不遠，其他地方人群經歷過的痛苦與反思，值得我們引以為戒。如同桑塔格的批判呼籲——放下疾病的隱喻，才能讓疾病和防疫回歸生物、科學與人道的本質。

1 George Lakoff and Mark Johnson, *Metaphors We Live By* (Chicago: University of Chicago Press, 1980). 本書有中譯本，雷可夫、詹森著，周世箴譯，《我們賴以生存的譬喻》（臺北：聯經，二〇〇六）。

2 Susan Sontag, *Illness as Metaphor and AIDS and Its Metaphors* (New York: Picador, 1990). 本書有中譯本，蘇珊・桑塔格著，程巍譯，《疾病的隱喻》（臺北：麥田，二〇一二）。

3 The New York Times, "Obama: ISIS a 'Cancer' That Must Be Extracted," YouTube Video, 1:38, August 21, 2014, https://www.youtube.com/watch?v=P9KXVPiw2sI.

4 "Naming the coronavirus disease (COVID-19) and the virus that causes it," World Health Organization, https://www.who.int/emergencies/diseases/novel-coronavirus-2019/technical-guidance/naming-the-coronavirus-disease-(covid-2019)-and-the-virus-that-causes-it.

5 Lucila Pinto, "Branding COVID-19: a name, a logo and a slogan," On Think Tanks, July 29, 2020, https://onthinktanks.org/articles/branding-covid-19-a-name-a-logo-and-a-slogan/.

6 劉紹華，《我的涼山兄弟：毒品、愛滋與流動青年》（臺北：群學，二〇一三），頁二八二。

7 劉紹華，《麻風醫生與巨變中國：後帝國實驗下的疾病隱喻與防疫歷史》（臺北：衛城，二〇一八），頁五五。

8 劉紹華，《麻風醫生與巨變中國》，頁五五—五七。

9 劉紹華，《麻風醫生與巨變中國》，頁五七。

10 劉紹華，《麻風醫生與巨變中國》，頁五八。

11 劉紹華，《麻風醫生與巨變中國》，頁一七五。

12 劉紹華，《麻風醫生與巨變中國》，頁一六四。

13 劉紹華，《麻風醫生與巨變中國》，頁三五。

第十章

能夠做到旁觀，見證他人的苦難，
本身就具有意義，
這是起碼的倫理行動。

旁觀他人之苦

新冠病毒在全球肆虐的二〇二〇上半年間，有幾個傷感的影像畫面令我印象至為深刻。

一月底，中國疫情爆發之初，一位婆婆獨自搭車，稽查人員上來檢查乘客是否戴著口罩，那位婆婆沒有任何防護，很緊張，抿嘴流淚，看起來委屈又抱歉。她和眾多的獨居老人一樣，買不到口罩，或已買不起物以稀為貴的口罩。那段混亂期間，有些老人出門時為了符合規定，也可能以為把口鼻遮住了就行，便用橘子皮、塑膠罐權充口罩。

三月間，義大利疫情死亡人數不斷攀升，棺木擠滿教堂，神父孤單落寞地為逝者做彌撒。[1]三月二十七日，史無前例的，天主教教宗方濟各獨自一人站在空蕩蕩的梵蒂岡聖伯多祿廣場（Piazza San Pietro），發表「致全城與世界」（Urbi et Orbi）訊息，向全球各地因COVID-19而受苦的人送上祝福。[2]

五月初，疫情趨緩，國際航班逐漸恢復，不少持有居留簽證的外籍人士已陸續搭乘班機入境臺灣，政府甚至協調安排華航的印度包機，載回一百一十四名國人，也一併接回十五名外籍人士返臺。[3]然而，據媒體報導，直至六月十七日，仍有一千八百名左右持有居留證或探親證件的陸配子女「小明」，無法返臺。已苦等數月的家屬們前往疫情指揮中心和行政院，跪地請願「政府高抬貴手」。[4]

全球疫情中的影像，有的遙遠卻貼近心靈，廣為人知；有的咫尺亦如天涯，未被看見。無論是看見或看不見，都關乎我們對於「旁觀他人之苦」的想法。

他人之苦的影像

做為他國劫災的旁觀者，是一種典型的現代經驗，這經驗是由近一個半世紀以來一種名叫「記者」的特殊專業遊客奉獻給我們的。[5]

蘇珊・桑塔格在其最後一本著作《旁觀他人之痛苦》中，如此描述戰爭影像的製造。她對戰爭影像的批判，主要是為了反思「去脈絡化」的定格影像帶來的負面影響，尤其針對遠離戰場的美國社會。桑塔格認為，當代攝影文化將戰爭的悲劇美學化或客體化，影像取代了戰爭的真實衝擊，可能使得觀者在憐憫遙遠的他人之苦中，就耗掉完結了人道主義的召喚，反而失去回應的能力。雖然桑塔格的斷言與批判有時予人簡化之感，但她確實犀利地指出了影像的創造與利用之間的可能斷裂：

攝影師的意圖無法決定照片的意義，照片自有其生命歷程，會隨著不同社群的需要，隨著其忽發的奇想或錮不可破的忠誠而漂流。[6]

如同隱喻，他人之苦的影像也提供了讓人「看見」與「創新利用」的機會。如桑塔格的舉例，一張暴行照片，可能出現南轅北轍的觀者反應，有人呼籲和平，有人聲討血債血償。[7]這種詮釋的不確定與被操弄的可能性，正是因為定格的影像缺乏脈絡，觀者可自行附加意義。

桑塔格對於記者拍攝的戰爭影像、以及觀者詮釋的分析，不只是冷眼的理論批判，更有活生生的血淚實例以為呼應，一如南非攝影師凱文．卡特（Kevin Carter）的故事。

卡特是名年輕的南非攝影師，一九九三年，他前往蘇丹，在烽火連天、餓莩遍地的戰地中，拍下一張照片：一名瘦骨嶙峋的幼童在地上匍匐爬行，後面盯著她的是隻禿鷹，看起來像在等著小女孩倒下。這張照片後來由《紐約時報》（*The New York Times*）買下，刊登於當年三月二十六日的報紙A3版，立刻引起廣大迴響與關注，成為非洲苦難的圖像代表。隔年，這張常被稱為〈餓童與禿鷹〉（Starving Child and Vulture）或〈禿鷲與小女孩〉（The Vulture and the Little Girl）的照片，獲得普立茲專題攝影獎（Pulitzer Prize for Feature Photography）。

這張照片引起世人對蘇丹難民的關注，同時也引發輿論對攝影師的強烈批評，許多人質問卡特：「你為什麼讓禿鷹這麼靠近小女孩？」「為什麼不保護她？」「你拍完照後做了什麼？」「這張照片算是一種『擺拍』嗎？」排山倒海而來的，有肯定讚譽，有國際援助，也有質問與批判。

四個月後，一九九四年七月二十九日，《紐約時報》刊登了卡特的訃聞，他於兩天前自殺了，年僅三十三歲。[8]兩個月後，《時代》雜誌（*Time*）登出另一篇長文，描述卡特生活在種族隔離、暴力充斥的南非社會中的長年不平與不適，及其個人的生命困境，也引述卡特的工作夥伴關於他拍攝那張照片時的情境說明。

卡特的工作任務是拍攝饑荒難民，當他走近矮叢林時，聽見細微的哭聲，原來是一個匍匐在地的小女孩，看起來是想爬到救濟中心。當他正要蹲下拍攝小女孩時，一隻禿鷹落下，他抓住了鏡頭，拍下照片。然後，卡特留在原地等待禿鷹展翅，等了二十分鐘左右，沒有等到，他便將禿鷹趕走，看著小女孩繼續掙扎。接著，卡特走到樹旁坐下，點燃香菸，跟上帝說話，哭了起來。經歷此事後，他陷入憂鬱，不斷地說，他想擁抱女兒。[9]

《時代》的長文還提及卡特留在車上的遺言：「我滿腦子都是那些活生生的記憶，殺戮、屍體、憤怒、苦痛的……饑餓的或受傷的孩童。」[10]至於那名受到世界矚目的小女孩，眾人都在詢問她的下落。據《時代》「百大照片」說明，卡特當時沒有協助小女孩，是因為長年拍攝非洲苦難景況的他被忠告，不要接觸受難者，以避免傳染病。雖然那名小女孩存活了下來，但也只活到十四歲，最後死於瘧疾高燒——另一個肆虐非洲大陸的苦痛根源。[11]

卡特的工作困境之一是，他必須「用影像思考」[12]。但是，正如桑塔格關於戰爭影像的質問，在定格的遙遠影像中，觀者的詮釋和事件的脈絡之間將如何連結，難以捉摸。所以，桑塔格也曾表示：

照片不能作出「戰爭是地獄」、「這場戰爭全無必要」的說明。你需要文字去做這類工作。[13]

文字確實能提供更為細緻的脈絡說明。但是，即使如此，見證人類苦難的投入與書寫，是否就能擺脫簡化的詮釋？如果不能，問題還可能出在哪裡？

理解他人之苦的研究省思

卡特從事的是一種見證人類苦難的工作，非常困難，充滿情緒與倫理的挑戰。他的故事突顯一個常見的社會現象，即批評質疑旁觀他人之苦的作品，比起以任何形式投入旁觀他人之苦的行動，容易多了。簡化的二元式思考，其實可能讓人落入不敢見證、不敢關注，乃至失去行動能力的倫理陷阱。

我長年投入研究和再現他人之苦，雖然與卡特所面臨的風險與困難相距甚遠，但我對於「旁觀他人之苦」所面對的質疑與詮釋落差現象，也有一番理解感悟。

以我的研究為例，《我的涼山兄弟：毒品、愛滋與流動青年》在臺灣和中國出版後，偶爾會遇見少數讀者提出以下這類反應。二元對立思考的批判者大致是這樣說的：「涼山兄弟的處境這麼慘，你除了寫書之外，做了什麼？」「除了給他們一個墓誌銘，有什麼幫助？」其他讀者，尤其學生，則大多帶著困惑、甚至愧疚感地提問：「我不敢做這樣的研究。他們的處境看了好難過，我無能為力，改變不了什麼。該怎麼辦？」對於不友善的批評質問，我可能會回問：「那你覺得不研究書寫那些問題，會比較好嗎？」至於另一類問題，則值得深入討論，而我常引用一位英國人類學者麥克奈特（David McKnight）的研究感想做為回應開場。

長年做田野的人類學者為何沒有「做什麼」？

麥克奈特關注澳洲原住民的酗酒問題，長達三十五年的時間，他看盡弱勢的原住民所經歷的各種苦難。偶爾有人問他，「你研究了這麼久，為什麼沒有做些什麼以求改變？」二〇〇二年麥克奈特出版 *From Hunting to Drinking*（《從狩獵到酗酒》）一書，在書末他寫出對此提問的回應。他想到一名小說家也曾被問及為何沒做些什麼以求改變時，那位小說家的回應是：「人們並不瞭解，當一位小說家在書寫時，他就是正在做些什麼了。」於是，麥克奈特接著說：「身為一位人類學者，當我書寫酗酒的問題時，我同樣可以說我就是正在做些什麼了。」[14]

一位學者能長年關注弱勢族群的酗酒困境，選擇這樣的主題本身就需要相當勇氣，畢竟這不是一個普通、安全、快樂的研究題目。而長年投入關注後又將艱難的見證過程記錄下來，更需要很大的倫理承諾與實踐毅力。麥克奈特出版這本書四年後，即於二〇〇六年過世。他在遲暮之年寫下的這些話，我衷心同意且感動。我以為，他的回應充分展現出長年旁觀他人之苦後的謙遜省思和低調正直。對於田野研究中的他人之苦與社會困境，他並未視而不見。

以麥克奈特為例是為了思索，當我們觀看或閱讀作品而出現傷心憤怒等情緒時，我們對於作者和自我「做些什麼」的理解與想像，有時是否過於狹隘？我們要批評反思的究竟是什麼？是旁觀他人之苦之不當？還是失去理解再現他人之苦脈絡的能力？抑或是對他人之苦視而不見的本領？

願意看見並關注他人之苦，絕非易事，其抉擇與投入本身就是一種艱難的行動。如果不求脈絡理解，只是輕易地用文字言詞批判他人或世界，質問甚至否定見證、記錄、理解、書寫、呼籲社會關注他人苦難的努力，這樣的對立性思考，對於他人之苦更不會有所幫助，卻可能淪為犬儒式的冷眼旁觀，字面意義上的旁觀而已。

這裡再舉一例，說明「看見」他人之苦的必要。世人雖然都同時經歷了COVID-19的衝擊，但對於疫情相關影像，有些因其脈絡清晰而有共識，有些則因脈絡模糊曲折而反應歧異。例如，即使只有畫面，沒有文字，世人都能領略教宗在雨中踽踽獨行和祈禱的影像意義，共享其意，同哀其情；然而，對於更多的單一事件，如未戴口罩的婆婆和跪地請願的「小明」家屬，觀者同理和詮釋共識的建立，則困難許多。詮釋差異是難以避免的社會反應，但是，至少要在「看見」之後，討論才得以真正出現。在「看見」他人之苦以前就已出現的討論乃至詮釋，其實只能稱得上是假裝看見的視而不見。

見證做為倫理行動的一種形式

桑塔格對於他人之苦影像的批評，是很重要的倫理省思；卡特的故事，讓我們理解身處現場的見證者所面臨的各種挑戰；麥克奈特的回應，則讓我們看見倫理與行動的多元可能。

二〇二〇年二月七日晚上九點，在原本就無法集會遊行、又正值疫情封鎖的中國，無數的中國人看不見彼此、卻共同「見證」李文亮醫師的離世。那一晚，眾人相約在黑暗中吹哨、電筒燈光朝外，祭奠李文亮醫師和無數在疫情中來不及道別的人。

見證的過程，至少是一種陪伴的形式與力量；如果眾人都願意見證，那就會是一種公共性的形式與力量。

在一個歷史隨時可能消失、人所面臨的結構性苦難不受關注的時刻裡，旁觀已是一種艱難的倫理與情緒勞動。能夠做到旁觀和記錄，就已是重要的生命見證。

義大利是第二個陷入COVID-19風暴的國家。一位加護病房護士保羅・米蘭達（Paolo Miranda）說：「我不想忘記發生過什麼事，但這些很快就會成為歷史。對我來說，畫面比文字更有力量。」於是，在惡劣、忙碌與高風險的工作處境中，他決定用相機記錄加護病房的景況。[15]

在長年研究他人之苦的過程中，我有一個很深的體悟。也就是，所有他人的苦痛，我們都只能旁觀。即使醫師能救治病人，他也必須旁觀病人的康復過程。這個感悟的重點是，旁觀這件事，並不像字面意義所顯示的很容易，並不一定是冷漠的狀態，旁觀不等於袖手旁觀，旁觀本身可能就是情緒與倫理的投入，是一種行動。

多數的人，即使知道或遇見他人之苦，大概都是轉頭就走，連旁觀都做不到，或是否認他人苦痛的存在，甚至嘗試掩蓋真相。在這種常見的現實之下，如果有心關注他人之苦，卻基於恐懼、愧疚、無力，而不敢旁觀見證，這樣可能只會生出更多的無力與愧疚感。

能夠做到旁觀，見證他人的苦難，本身就具有意義，這是起碼的倫理行動。

人在年輕時，對於世界的是非判斷，通常接近黑白對立的狀態，就算稱不上對立，也是黑白分明。只是，在長年攸關他人之苦的田野經驗中，看見複雜的世事多年後，我愈來愈能理解甚至接受人世間的灰色光譜。只是，接受灰色光譜，並不表示心中不明白是非黑白的區分，而是能夠同理體諒人在灰色光譜中的艱難處境。即使是良善正直之人，在困境中、在看見他人苦難時，也必得經歷倫理與情緒勞動的掙扎，但就是這個掙扎的必要性，讓人之所以成為良善正直之人。而未曾經歷過這個掙扎試煉的人，要如何體會乃至批判反思倫理所謂為何？

見證人的苦難，確實費力傷神、需要承諾，但也真的不像光用想的那麼可怕。以我個人的研究經歷來說，這麼多年來，我的受訪者或研究對象，包括涼山彝族的愛滋患者和吸毒者，以及中國的痲風醫生和痲風病人，是他們協助我走過困難的研究之路，若非他們的生命韌性與人性本善，我絕無可能完成這些充滿挑戰的研究。不論在感性上還是在智性上，那些他人之苦都刺激我思考良多，讓我看見文化的困境、社會的結構性暴力、經濟的不平等、政治的扭曲墮落等。但是，在他人之苦中，我也看見寬廣深邃的世界與人性，那些攸關生命苦難和人性福祉的叩問抓住了我，讓我無法掉頭就走。而我也發現，掉頭就走比留下來繼續旁觀，還要困難。這可能也是卡特拍完照後留在現場之故。

投入他人之苦的研究，剛進入見證狀態之時，可能會令人擔憂害怕，甚至感到困難重重，這是常態。然而，一旦克服這個過渡階段，生命就可能有機會進入不同的視野。這種進入狀態，就如同人類學者特納（Victor Turner）提出的「通過儀式」（rites of passage）理論的啟發。所有的通過儀式都包含三個階段：分離、過渡與整合。其中的過渡階段，是一種中介狀態（liminality），這是在離開舊狀態後和形成新視野前，一個處在邊界上、令人深思反省的階段。[16] 換言之，邊緣是一個可能令人不安卻適合思考的位置。見證他人之苦時，如果真誠投入，就可能與他人的生命產生同理交流，那其實是一種在中介狀態下的相遇與相互支持。至於過渡之後，生命會往何處發展，沒有人能預料，但是某種跨越已然發生，生命觀點必然會在某時某刻因而有所不同。

我並未發現任何具說服力的證據顯示，勇於面對人性會導致不良的後果。……看見這個世界的危險和不確定性，反而可以令人達到平靜的解放，讓我們找到新的出路去做自己、過生活、甚而影響他人。[17]

這是醫療人類學和跨文化精神醫學先驅凱博文（Arthur Kleinman）的生涯感言，我衷心同意。不論是影像或文本的紀錄，必須先有旁觀的意願，加上創造畫面與探問脈絡的意志，才有機會提供意義。

「後疫情」的回望、前瞻與反思

第一波疫情趨緩後，世界似乎進入為期不明的「後疫情」時刻。這是一個從史無前例的全球性衝擊中暫時喘息的片刻。COVID-19何時或是否能完全成為過去尚未可知，全球科學家、大型醫藥國際組織與基金會、世界政治領袖等都積極投入前瞻性規畫之際，各國也都在回望收拾社會重創。

這是正在發生的全球性劇變歷史，世界需要各種紀錄，無論關乎自己所經歷的困難或他人之苦。從一月至今，全球化時代下的訊息流通和各種形式的紀錄，看似複雜豐富、快速累積，人類得以保存的歷史資料更為多元。但是，歷史的再現與詮釋軸線會因此而更加清晰嗎？國際之間與社會之內的衝突是否得以更快調解？訊息的交流與詮釋是會更為全面，還是如前述桑塔格所言，因著「忽發的奇想或錮不可破的忠誠」，反而會更加突顯選擇性？

以往我曾投入的傳染病與社會研究，大量仰賴紙本留存的檔案，有些可能已數位化，有些不盡然。然而，COVID-19之後的疫病與社會研究，是否會有所不同？我還在思索。在網路時代，疫情下的各種畫面、報導、防疫宣導是否真能完整留存？還是比傳統的紙本資訊面臨更大的保存風險？過去這九個月來，我對各地COVID-19疫情的研究觀察有一個心得，即網路訊息大量豐富，但也是隨時可能更新替換或全然消失，正式的官方公告尤其如此。未來，僅僅是要釐清「版本變遷」，可能就會相當困難。

但仍有眾多無論何時何地都不會消失的重要議題。可預見的是，二〇二〇年突如其來的疫情風暴，一定造成許多未知和未被看見的傷害，包括汙名歧視、國族主義和階級不平等、痛失親人與見證苦難的創傷復原、患者當下承受之苦與癒後狀況、醫療體系的衝擊、防疫專業的困境與發展、法律與政治制度的變動、醫護的處境與責任界線、科技與大數據防疫的前景和挑戰、疫苗的安全、分配與全球衛生競合、國際局勢的動盪、全球化交流與國際邊界強化的消長等。這些都有待更多的關注、深入瞭解與分析。

在前九章中，我從不同的面向切入，提出觀點方法以認識疫病與社會、傳染病與人的關係。我嘗試整理出一個理解分析的架構，包括：疫病汙名、醫療衛生人權、公衛倫理、全球衛生中的WHO和CDC、中醫藥與民族主義的關聯、道德模範的政治意涵和社會壓力、標語口號的政治與社會影響，還有疾病隱喻等。

在這些主題的討論裡，我初步分析了當中的邏輯與矛盾，也看見了這些邏輯和矛盾對於個人與集體的影響，不論是汙名歧視、國族主義、道德壓力、缺乏倫理帶來的負面影響，還是身為病人、家屬、醫療人員所經歷的生命困境，又或者是旁觀他人之苦的抉擇。無論何時何地，這些都是隨疫病而湧現的各種現象及各式情緒與倫理勞動。透視這些勞動的後臺，我們看見的是社會、是國家、是人性。

疫情中仍有諸多未被看見或有待不同詮釋理解的艱難處境，遭逢重大衝擊的社會和世界，亟需眾人「旁觀他人之苦」的勇氣、倫理與行動。

1 Jemma Carr and William Cole, "Italy's coronavirus death toll is now THREE times more than China as it rises by 889 in a single day to 10,023 while coffins fill up nations churches and army move bodies out of worst affected region," Daily Mail Online, March 28, 2020, https://www.dailymail.co.uk/news/article-8162847/Coffins-Italys-churches-halls-death-toll-soars-969-single-day.html.

2 Lorenzo Tondo, "Pope's blessing in empty St Peter's Square watched by 11m on TV," *The Guardian*, March 28, 2020, https://www.theguardian.com/world/2020/mar/28/popes-blessing-in-empty-st-peters-square-watched-by-11m-on-tv.

3 劉亭廷，〈印度包機啟程返台 華航接129人回家〉，TVBS新聞網，二〇二〇年五月四日，https://news.tvbs.com.tw/life/1318997。

4 呂佳蓉，〈小明們的父母跪求蔡政府：讓孩子回到我身邊吧！〉，聯合新聞網，二〇二〇年六月十七日，https://udn.com/news/story/6656/4641680。

5 Susan Sontag, *Regarding the Pain of Others* (New York: Picador, 2003). 此書有中譯本，蘇珊・桑塔格著，陳耀成譯，《旁觀他人之痛苦》（臺北：麥田，二〇〇五），頁二九。

6 蘇珊・桑塔格著，陳耀成譯，《旁觀他人之痛苦》，頁五十。

7 蘇珊・桑塔格著，陳耀成譯，《旁觀他人之痛苦》，頁二四。

8 Bill Keller, "Kevin Carter, a Pulitzer Winner of for Sudan Photo, is Dead at 33," *The New York Times*, July 29, 1994, B8. https://www.nytimes.com/1994/07/29/world/kevin-carter-a-pulitzer-winner-for-sudan-photo-is-dead-at-33.html.

9 Scott MacLeod, "The Life and Death of Kevin Carter," *Time* 144, no. 11 (September 12, 1994), pp.70-73.

10 Scott MacLeod, "The Life and Death of Kevin Carter," *Time* 144, no. 11, pp. 70-73.

11 http://100photos.time.com/photos/kevin-carter-starving-child-vulture

12 Scott MacLeod, "The Life and Death of Kevin Carter," *Time* 144, no. 11, pp. 70-73.

13 陳耀成，〈譯後記〉，蘇珊・桑塔格著，陳耀成譯，《旁觀他人之痛苦》，頁一七四。

14 David McKnight, *From Hunting to Drinking: The Devastating Effects of Alcohol on an Australian Aboriginal Community* (London and New York: Routledge, 2002), p. 208.

15 索菲婭・貝蒂薩（Sofia Bettiza），〈肺炎疫情：意大利護士用鏡頭記錄抗疫之戰〉，BBC News中文網，二〇二〇年三月二十日，https://www.bbc.com/zhongwen/trad/world-51973477。Sofia Bettiza, "Italy's medical workers: 'We became heroes but they've already forgotten us'" BBC News, May 25, 2020, https://www.bbc.com/news/world-europe-52784120.

16 劉紹華，《我的涼山兄弟：毒品、愛滋與流動青年》（臺北：群學，二〇一三），頁八八—八九。

17 凱博文（Arthur Kleinman）著，劉嘉雯、魯宓譯，《道德的重量：不安年代中的希望與救贖》（臺北：心靈工坊，二〇〇七），頁六一。

【附錄一】

說給疫情倖存者聽

原始出處為二〇二〇年一月二十九日作者臉書貼文，
時為大年初五，武漢封城近一週。

我的研究一直攸關一九四九年後中國的傳染病防疫。長年深嘆不論學者研究得如何盡心費力、如何提醒謹戒歷史教訓，中國卻每逢大型防疫，混亂與苦難的歷史總是如預言般地重演，就像以前從未發生過什麼事似的。而如我這般高度關注那塊土地上廣大生靈苦難的學者所寫的歷史與提醒，也依然被壓抑消音無法面世。一個無法累積朝向幸福所需的歷史感的社會，如何能記取前車之鑑以造福後人？

從年前開始，看著武漢肺炎疫情的變化，我實在覺得太過熟悉了——從一九四九年後的麻風防疫，到近年的愛滋、SARS，中央、地方政府與民眾的反應——我曾經筆下的歷史不斷在政府與眾人的日常生活中重演：矢口否認、疫情爆發、被迫承認、強迫且大規模隔離、汙名恐慌比傳染病蔓延得還要迅速、民生規畫缺乏、醫務人員被推到第一線卻無政策做後盾、眾人恐懼憤怒。

然後呢？待疫情經過慌亂暴力但有些效果的隔離防疫手段而終漸消退後，一切又回到矢口否認如常的日常生活狀態，遺忘歷史、禁絕歷史……。

唯一可能留下的只是對地區「他者」的汙名，如河南與愛滋、涼山與毒品、武漢與肺炎，但至於那裡的人為何身陷困境與如何擺脫困境，卻未受檢討。災區之外的人不關心這些，被汙名的「他者」可能也只想著以否認與掩飾來擺脫汙名，而不是挑戰汙名的根本原因與治理的冷漠無能。

我是有些動怒了。除夕那天我在家門前貼上一張春聯，是聖嚴法師的法語「放下的幸福」，我想實行它，一直忍著沒有發文說話。今天初五開工，我也過了一個「放下」的年，現在想寫些話。就當我自己的歷史紀錄，哪怕繼續被禁絕。

武漢疫情發展與控制的荒腔走板，各方都在罵，中國政府從中央到基層都是問題。有人說關鍵問題是集權控制，有人說是地方官僚腐敗。這些都是因素，但我想更進一步檢討，是什麼深層因素讓這些每逢重大疫情就冒出的問題在一九四九年後的中國長存難改，混亂的防疫歷史一再重演？

最關鍵的問題，用大白話講就是民族主義或愛國主義的「面子」問題，用政治術語來講就是中國面對心中之痛的「帝國」或「外侮」時的「主體性」問題。這也就是我在《痲風醫生與巨變中國：後帝國實驗下的疾病隱喻與防疫歷史》中，以「後帝國」的意識形態來分析中國一九四九年後的痲風防疫關鍵。防疫的成功、失敗、手段、消音或選擇性榮耀，都因中國反帝反美的主體性心態主導，以致眾人主動或被動地配合國家面子而隱匿醜聞、批評外界質疑、因人（的所在地而）廢言、犧牲個人成就集體形象。面子、主體性或意識形態的主導者自然是堅守中國主體性的中央政權，而擁護者就是廣大的一樣愛國愛面子的民眾。在國家意識的大旗下，民族主義或愛國情節不必然高亢激昂，反而可能天真卑微得令人心疼。本來，講究主體是各國各民族都會做的事，但關鍵是，如果只因主體為大的愛國情操或民族情結而讓付出慘痛代價的歷史教訓一再灰飛煙滅，這一代人與後代人要付出的生存代價就是永遠都學不會教訓，永遠落入不斷重來的疫情困境。

人群可能學不會歷史教訓，病毒可是會因應環境而變異。哪個比較強？僅以愛滋與痲風這兩個我書寫過的深入研究為例，即可點出因「主體性」為大的防疫通病：意識形態主導的面子主體性高於合理的科學防疫原則；意識形態主導的面子主體性，讓國家丟臉的表現不得公開討論乃至寫成白紙黑字。失去歷史感，就無法有效因應未來。

我在《我的涼山兄弟：毒品、愛滋與流動青年》的結論〈疾病治理的時空意義〉中提到，二〇〇〇年之前中國也否認愛滋疫情已然嚴重，直到《紐約時報》大幅報導河南省境內，因不安全的輸血販賣導致疫情爆發的重大新聞，讓國際組織火力全開，要求中國政府承認並應對這個巨大危機，開放並接受更多國際援助以遏止疫情散布。自此，中國中央政府終於廣納國際合作，公開疫情。

然而，在地方上，基層政府的作為仍是面子為大，報喜不報憂。《我的涼山兄弟》即研究了中央與地方的不同調。這本書在中國出版之後，引起很大的關注。

「結果有改變任何的政府治理嗎？」我經常這樣被中國讀者問到。我總是苦笑難以回答，我多麼希望研究能對這個世界的苦難之人有所助益啊！只是，顯然，疫病治理依然故我，而《我的涼山兄弟》卻因政府面子問題，讓想透過閱讀以瞭解防疫處境與歷史的讀者，也看不見這本書了。一個殷鑑不遠的歷史教訓就這樣硬生生地被消音。

但我愈研究中國的傳染病防疫，就愈發覺得要瞭解當前的亂象，就愈須瞭解歷史，瞭解究竟是什麼關鍵因素，種下與助長了今日惡果。

年前朋友圈不斷傳遞感染新型肺炎的病人被關進隔離箱中帶走的新聞與畫面。令我想起我在《麻風醫生與巨變中國》書中寫過的故事：

在新疆吧還是什麼地方，發現了上海的人生了麻風，所以包了一個車廂把他運到上海來了……。

那麼在地方上，他的病人一路走，後面衛生防疫一路跟著消毒，病人在前面，後面在消毒……就是這樣怕的啦。

恐懼蔓延、汙名標籤、過度防疫、醫師無助，這些反應與做法，歷久不衰。人心如常，手段未變。可想而知，疫情過後的代價也將不可免地慘烈。

我的兩本書都寫過諸多防疫代價，我也沒力氣在此重述了。我只能難受地斷言，如果未能公開檢討防疫手段與歷史、未能放下面子障礙，起碼的代價就是下列關鍵字的惡性循環：否認、汙名、恐懼、持續無能、生靈塗炭。

我在《麻風醫生與巨變中國》的前言寫下：

中國的防疫故事帶給世人什麼意義？

這些不僅是醫療和公共衛生史的議題，從中國極具爭議的「後帝國」實驗觀之，更是政治社會史的提問。

書寫《痲風醫生與巨變中國》時，我的心情比書寫《我的涼山兄弟》還沉重，原因正是我看到一九四九年後防疫歷史的關鍵問題及其一再重複的悲哀。我在《痲風醫生與巨變中國》的結論，以〈歷史的羅生門〉來反省官方版的歷史與被消音的歷史。

全球化下的中國防疫，不乏目標與方法孰輕孰重的拿捏失誤。在痲風之後，如我曾研究過的愛滋與近期的SARS，也是類似案例。

人類從歷史中獲取的教訓似乎有限。所幸，自由開放的社會主張透明機制與尊重個人的治理基調，對於這種一再發生的防疫混亂與無謂傷害，具有自我批判反省與修補錯誤的能力，讓社會得以調整對個體造成無謂傷害的可能性與程度⋯⋯。

相較之下，當代中國的麻風防治曾對無數患者與醫師烙下的負面生命印記，至今仍鮮為人知。在此情況下，要期待社會主動修補既有傷痕，前路仍然漫長。

今天我說的這些話，對於疫情當前、生存飽受威脅的人們而言，實可謂廢話。我覺得難受，我絲毫不想讓有生存威脅的人感到站在安全之地的人只能說教。

這廢話是要說給倖存者聽的。如果能安然躲過這一波疫情，懇請中國倖存的眾人關注與挖掘歷史，明白配合主體意識形態的桎梏所付出的代價。如果平日就經常因愛國愛面子而容忍縱容有問題的治理措施、配合主體意識來攻擊國際批評、當有人揭露令人憤怒的真相時卻因家醜外揚以致指控的手指頭不是朝向政府反倒是戳向揭露真相的人，那就只是緊抓著這塊愛國主義主體性的遮羞布，不願從歷史中學到教訓。

那麼，當下一次新興疫病又來危及人口稠密的土地時，這個學不會歷史教訓的政府仍將搭上遮羞布，將依然無法保護你、以及你所鍾愛的國與家。

「放下的幸福」是需要練習的。請在日常生活中時刻學習放下國家與民族的面子、主體性等執著重擔，才能空出力氣與機會拾起真實福祉的希望。天佑眾人！

【附錄二】

後疫情時代的後見之明與具體研究（講稿）

本文為作者在二〇二〇年七月四日「台灣科技與社會研究學會」年會COVID-19主題論壇上的發言原稿。

大家好，這是一個COVID-19圓桌論壇，主要的目標是討論，所以我定的題目是〈後疫情時代的後見之明與具體研究〉，我想從三個面向來反思在疫情當中的學者反應，以及後疫情時代的學者責任。我這裡所說的學者，主要指涉的是廣義的人文社會科學者。

我提的第一個面向是「後見之明的反省」，我想以一位美國醫療人類學者的反省來開始說起。這位學者叫凱瑟琳．梅森（Katherine Mason），是做中國在SARS之後防疫體制變遷的研究。

前一陣子，就像一位臺灣學者跟我說的，疫情爆發後，一夕之間，疫病研究好像就要成為全球顯學了，人人都在評論。在這種情況下，原本就做疫病研究的學者自然更閒不下來。梅森就是一位在疫情當中很忙碌的專家學者。疫情之初，她針對中國的疫情和美國的疫情發展，在各種媒體上有很多的發言和撰文。但是，五月時，她在美國文化人類學會的網上論壇刊登了一篇反省的自白文章：〈Missing the Revolution with Covid-19: On Hindsight and Ethnographic Expertise〉，說明自己在這段時間以來的努力，也承認了自己判斷錯誤。

在這裡，我不是要細數她的正確或錯誤，以及分析原因，而是要指出，她的反省是很重要的提醒。她在自我反省後，仍然表示學者的公共性發言很重要，未來她還是會繼續發言，也認為自己仍有些專業知識得以貢獻社會。但是，她最後強調：

> 我已學會在運用田野權威（ethnographic authority）的時候要更加地小心謹慎，從此之後，我不會超越分際（staying in my lane）。

對我來說，梅森的事後反省或後見之明非常難得。我並不知道她在疫情當下發言的時候，內在自信的程度有多高。但就我自己而言，疫情當下我發言時，經常感到戒慎恐懼。我甚至常對人說我無法對當下的疫情提出判斷發言，因為我跟大家一樣，訊息來源都有限，也只能根據以往的研究經驗，和零星的可靠資訊，提出一些看法或指出憂心之處。但我想避免直覺式的發言，所以無法下任何斷言。

以梅森和我來說，無論我們當初發言的結果是否正確，身為疫病與社會的研究者，我們所做的事、走過的心路歷程其實是一樣的。在後疫情時代，梅森的反省和我的思考也是一樣的：我們必須對自己的專業有更戒慎的底線敏感。

在疫情當中，我們只能根據原本的研究知識、經驗，來觀看、判斷與推測諸多未能充分檢驗且不周全的訊息，當下偶爾出現直覺式的反應，也許難以避免。但是，在後疫情時代，直覺式的、非具體研究的學術討論，我想應該要避免了。要做到這點，或許我們至少需要先回看與反省疫情以來的討論狀態。

所以，我的第二點反思，就與學術討論的目標有關。

在臺灣和中國，在疫情緊張的時候，許多人都感受到一種明顯壓力，就是希望先放下對於政府的公開批評，甚至可能呼籲公開支持、稱讚政府，認為這樣才有利於防疫。我不確定這種現象在其他國家是否一樣？我知道瑞典也很特別，但這裡就先不討論了。我請問過日本或韓國的學者朋友，他們說他們並沒有不要批評政府防疫作為的發言壓力，而且強調他們都生活在民主國家。如果真的是這樣，那也許我們可以問，為什麼臺灣或中國的這種現象比較明顯？中國的情形我很清楚，我相信各位也很清楚。但是，臺灣的現象則令我困惑與憂心。

一方面，我可以理解緊急狀態下的團結抗疫呼聲，所以我們也可以看到，疫情最為爆發的時候，世界各國領袖的施政滿意度都達到新高，連川普的滿意度一度都很高。

但另一方面，我也有兩個困惑，一個是，臺灣的狀況跟全球比較起來，一直都稱不上危急。那麼，我們公開發言的壓力應該就不是因為狀況緊急了，而是要支持維護既有的防疫成績。但是，這樣能稱得上是因緊急例外狀況而應暫緩批評嗎？還有，從人文社會科學批判反思的角色來看，這樣的發言壓力考量，是尋常的嗎？

我還有另外一個困惑，那就是，即使在疫情當下發出批評，就真的不利於防疫治理嗎？在我們經歷重大歷史的時刻，應該還是可以同時見證、努力與反省。如果發言批評就是找麻煩，學者應該暫停批評，那意思是說人文社會科學在疫情之中是沒有任何意義與角色的學術領域嗎？

當我問到最後這一個問題的時候，我想到，其實有些學者並沒有忘掉自己的學術作用，在中國這是很稀鬆平常的現象，在臺灣也可以見到——也就是，我們會看到某種言論，默認、接納甚至合理化緊急情況下的疾病隱喻和汙名、人群分類與制度性排斥，並且為國族主體的塑造與政治權力運作中的爭議尋求正當性。許多平常人文社會科學對於異質性、不平等、正義、民主等的關注，在疫情當中經常被擱下了。

疫情當中，值得學者討論批評的議題實在很多。就算暫且不提我一直批評的「武漢肺炎」疾病汙名，光是指揮中心特定科別的醫療至上組成與決策模式就值得檢討。我們簡單回顧一下，指揮中心的前身是去年十二月底CDC就開始的內部應變，到今年一月二十日正式成立。剛開始全世界都不清楚狀況，後來這個指揮中心層級一直拉高，表示防疫規模一直擴大。但是，成員的專長基本沒有改變。我們從各種公共衛生危機的經驗中得知，這樣的專業組成足夠嗎？

還有，指揮中心清一色的男性成員，對比於許多女性防疫醫師做文宣和前線女性護理人員的社會形象，這段時間以來，我們每天都在看這樣的畫面。官方文宣講的，十七年來CDC防疫建置有成，但是，從SARS之後臺灣建立的防疫醫療網，在這次疫情當中到底發揮了什麼具體作用？我個人是看不出來，但很希望能有具體的研究證明我的質疑不必要。還有，檢疫的技術標準與權責一直沒搞定，這個何美鄉老師講得很含蓄，但也夠清楚了。白牌車司機一案，我們不知道真相是什麼，但看得見它的因果推論很粗糙。

還有，在中國武漢的臺灣人無法自行回臺一事。「小明」議題，從一開始不是問題，到陸委會處理不當而引起輿論譁然，導致下不了臺的政治操作。健保卡旅遊史註記到監控技術一再擴大、而且無限期的人權與民主問題。這些種種的議題，對於國家與社會的福祉都很重要。

但是，在疫情期間，這些問題很少被拿出來公開認真討論。偶爾，有人提出質疑批評，也常遭受批評。我一位法律學的朋友，因為常批評政府防疫侵害人權，而被同事叫他「欽，中共同路人」。

以我個人的思考為例，身為一個住在臺灣的幸運臺灣人，和身為一位長年關注疫病研究的批判性學者，我在看待疫情時，會有不同的感受與反應。但是，當我做為一位學者要發言時，我想應該要從學者的角色出發。

這一次，各方焦點好像都是臺灣防疫成功，我也享受到了身在臺灣的安全感與好處。不過，身為一位長年研究醫療衛生議題的學者，我很清楚不會有一個完美的防疫治理。而我以為，學者的研究責任，就是要看見並分析矛盾、衝突、斷裂、隱藏等各式問題，以期學術研究能發揮批評和改進政策的價值。

這就涉及了我要說的第三個面向。

第三個反思面向是，疫情的恐懼感與社會壓力暫緩了，很希望學界各領域的專家們重新審視我們共同走過的這段防疫之路，以利於反省與前瞻。以我自己來說，我想回歸我自己長年以來對於疫病、汙名、不平等的研究關注，我希望能針對這次的疫情，以具體的防疫案例進行嚴謹研究。但今天時間有限，只能先說明一下我的基本理念。

關於疫病的歷史研究，無論是遙遠的歷史，還是近期的歷史，通常都會指向一個大哉問：那就是，我們該如何評斷一個國家的防疫是否成功？除了表面可見的疫情數字與國際比較外，研究者還必須回到各國具體的政治與防疫實作，以及不同位置的人的處境，才能真正探究結論。換言之，比較研究的基礎必須建立在具體清晰的案例之上，而不只是相信官方報告或表面數字就好，也不適合以理論套用或臆測即可。

我做中國麻風防疫的研究有一個深刻的感想，我是這樣寫的：

> 中國麻風防治的例子讓我們看到，生物醫療科技的有效性常被誇大，而人與其他抽象象徵因素卻常被低估。在防疫過程中，非關科學的理念與情緒，可能才是疾病治理成功或失敗的重要關鍵。

我希望能在COVID-19的研究上，繼續表達出我對疫病全球化、國家治理、汙名歧視與邊緣族群的研究關懷，如同我一貫的研究理念，我認為這樣才能「揭示隱而不宣的複雜社會邏輯，以突顯影響特定社群中人的行為、思想及語言等道德規範的文化特質（ethos）」。

好的，我就先報告到這裡，感謝大家，請多指教。

【附錄三】

我如何走上傳染病與社會的研究之路（講稿）

講稿原始出處為「Brew Note文化沙龍」第二十五講，二〇二〇年四月十日Zoom直播，主持人周保松，逐字稿由芝竹整理。本文經過編輯刪節。

最近可能有些朋友知道，因為疫情的關係我寫了些東西也接受了一些訪問，我稱這些是「知識與情緒勞動」。知識勞動大家很清楚，為什麼要說是情緒勞動？因為這裡面有非常多的爭辯，也有很多立場攻防戰，所以我覺得最近蠻累的。但是我常想，疫情當中的人更累，所以也沒什麼好抱怨的。

我寫的第一篇文章，有媒體把標題定為〈說給倖存者聽〉（見附錄一）。當時是一月二十九號，大年初五。寫的時候我覺得蠻沉重的，因為我一直是做傳染病相關的研究，很多問題看得蠻清楚。可是，現在回頭來看，我實在想不出來到底是要說給誰聽呢？誰會聽呢？

這一次的疫情大家都很有感覺，這大概是人類有史以來最大的一場疫情，我覺得這是一場共業，它不僅是中國的，也是世界的、全人類的。

那麼我個人選擇怎麼去面對這一場共業呢？我的態度是，還是可以從人道精神出發。然後，我很鼓勵年輕人去從事醫療衛生的人文社會研究。為什麼我覺得這很重要？等會我會說明。

由傳染病開啟的研究生涯

我長年以來的知識與情緒勞動，跟我最近的知識與情緒勞動一直都是相關的。我的研究有幾個重點：我看見他人的苦痛，我關注社會福祉，非常希望能為身陷歧視汙名之下的人翻案，也希望挖掘被消音的歷史。

剛剛〔周〕保松老師介紹我的研究成果，第一個就是《我的涼山兄弟》這本書。這個研究是我在二〇〇二年第一次接觸到，然後一直做到二〇一〇年英文書出版，最近的更新就是二〇一三年中文書出版，大約十年左右的時間。我一去涼山，看到兩個讓我很想繼續挖掘的問題。一個就是在二〇〇一年的時候，中國政府和英國政府合作，第一次在四川省進行愛滋病調查，涼山彝族的總人口在當時占四川總人口不到三%，但是四川省的愛滋感染人口裡，就有將近六成來自涼山彝族。這令我非常震驚，在人口結構上非常不尋常。涼山是一個高山地區，離都市很遠，交通在當時非常不方便，一個這麼偏僻的高山地區會有這麼嚴重的愛滋病，在全世界的愛滋流行病學趨勢上來說，都是非常特殊的。

在去涼山之前，我對涼山一點都不認識，當我開始瞭解涼山彝族的歷史後，我更覺得怎麼會發生這種事？在一九五〇年代之前，涼山主要的傳統彝族地區基本上是獨立的，以前漢人叫他們「獨立儸儸」，儸儸是貶稱。但是我們可以重視「獨立」這兩個字。在一九五〇年之前，涼山彝族獨立而居，非常強勢，強勢到甚至可能抓漢族來當奴隸。那為什麼二〇〇一年這裡就變成了四川省愛滋病的主要感染區？這對我而言有太多的後臺故事，所以我花了很多時間去做研究調查，然後寫出了這本書。

另外一個研究《麻風醫生與巨變中國》是從二〇〇三年開始，做這個研究也是因緣際會。我在做《我的涼山兄弟》田野調查的時候，有機會去拜訪那裡的兩個麻風村，然後也認識幾位涼山的麻風醫生，就發現了一些很有趣的問題。當時，我有很多機會在學術場合跟其他學者交流，我提到涼山麻風村的情況時，許多人很訝異，他們不知道中國還有麻風病。我覺得這是很奇怪的現象，因為不論是在四川還是中國其他很多地方，有不少麻風病患，為什麼大家會不知道？

這本麻風病的書還有一個關鍵，就是巨變中國。一九五〇年代中國政府第一次對全國展開一些陸續的調查，當時調查的數據不精準，大約是四十萬到五十萬的感染人口。

但中國在一九八〇年的時候，已經把麻風的盛行率降到了萬分之一以下，達到了世界衛生組織認為麻風病不再是公共衛生威脅的消滅標準。

我們來想一下歷史。一九五〇年代中國開始大規模麻風防疫的同時，也是中國開始對外封鎖的時候，以前在中國做麻風救濟的大概都是外籍福音醫療工作者，他們基本上在一九四九年後都被驅逐出境了。這段時間的中國，人才有限，醫療衛生的發展也還沒有普及化，科技也不發達，國家也才經歷了長年的戰亂，基本上是處在一個相當貧困的狀態。就在這樣一個狀態之下，三十年間，中國完成了這樣一個公共衛生上的可觀成就，那麼多人卻都不知道，這裡面有太多的落差。就像《我的涼山兄弟》一樣，裡面有相當大的人口落差，歷史發展上的落差。

我做的這兩個研究都是傳染病。愛滋病開啟了我的研究生涯；麻風讓我看見了更為寬廣深厚的世界與歷史，因為麻風是最古老的人類疾病，我幾乎必須把人類的醫療史盡量看過。在亞洲，我走的這條路，就是醫療人類學，也是醫療史方面的研究，都是屬於冷門的跨領域。為什麼呢？有些原因我大概可以說明一下。

醫療人類學的發展歷程

平常大部分的人想到歷史的時候，應該想不到醫療史，也不會是疾病史，更不會是傳染病史。因為歷史以前流行談帝王將相，後來是國家史，然後是外交史、經濟史之類的，不太會去做到醫療史或是疾病的歷史，這也是因為要做這樣的研究，必須跨足到醫療衛生的領域。以前人文社會科學的人，也不被認為有資格去做醫療相關的歷史研究，通常都是醫療衛生領域的人寫他們自己的歷史。但是，那個寫法不太一樣。

在一九七〇年代的時候，這種情況就逐漸地改變。有各式原因，像是剛開始有些不錯的書出版，其中一本有名的書叫作《瘟疫與人》（*Plagues and Peoples*），是美國學者威廉·麥克尼爾（William H. McNeill）寫的。這本書的寫法非常有趣，是把疾病當作理解人類歷史最重要的一個因素，不管你同不同意這樣的說法，這樣的認識在當時開了大家的眼界。現在很多人知道的另外一本書，叫作《槍炮、病菌與鋼鐵》，作者是賈德·戴蒙（Jared Diamond），這本書是到一九九七年才出版，但是更像科普，所以影響力很大。醫療史大概就是從一九七〇年代開始，到八〇年代逐漸蓬勃發展，而醫療人類學在美國也是差不多同時，從非常冷門、開始變成很重要的一個跨領域研究。為什麼是這樣的狀況？這要從第二次世界大戰之後講起。

二戰後，尤其在歐美世界，開始快速工業化。二戰之前，在所謂工業先進國家，主要的疾病問題大概是傳染病的問題，比如天花、梅毒諸如此類的病，這些疾病在二戰期間或之後陸續被根除了，或者是達到消滅標準，所以在西方，這些傳染病大概都已式微。二戰之後，很多美國學者跑到海外去做研究，因為那時美國跟西方國家重視前殖民地新興發展國家的國際發展工作，所以人類學者會去到這些地方做研究，也會跟流行病學者合作，瞭解這些新興國家的傳染病問題。

也就是在這樣的情況下，在一九七〇、八〇年代，醫療人類學就隨著學科的認識，和這個世界的擴展、全球化，逐漸在歐美世界變成很重要的跨領域研究。但是，在亞洲，還是相對比較冷門，到今天都是。不過，這個領域已經陸續發展起來，尤其從二〇〇三年的SARS之後，再到今年的COVID-19，應該慢慢會成為比較正常發展的、不再冷門的研究領域。

從人道精神出發的理解和書寫方法

從人道精神出發的理解和書寫方法，這裡面需要的特質，我希望年輕的朋友，尤其是還在讀書的朋友，能夠記得這些原則。

第一，書寫要避免教條框架和黑洞似的思考。什麼叫作教條框架？如果我們把教條框架當成是理念，像很多人常說「這就是全球化的問題」、「這就是資本主義的問題」、「這就是新自由主義的問題」、「這就是社會主義的問題」，好像把問題丟到非常龐大的教條框架黑洞裡去，問題就自然解決了。但其實，我們都知道並沒有解決。而且，把問題丟到一個教條主義的黑洞裡就可以解釋的話，那所有的地方經驗都會變得不重要了，都不會有任何差異。所以，若是真的希望發揮人道精神的書寫和方法，就要避免這樣的思考模式。

第二，格局落地、拓廣、推深。意思是必須由下而上，但也要拉開理解的地平線。什麼是拓寬、推深、理解的地平線呢？就像是很多人以為，做醫療方面的研究就做醫療、疾病有關的瞭解就好了，其他的面向都不需要。並不是這樣子的。我們如果要瞭解人是什麼樣子，一個「生病的人」，就是一個「人」，他是活在文化當中、活在社會當中、活在國家當中、也是活在全球當中，即使是一個疾病，它都可能在不同的層次上展現意義。你得拉開這個脈絡，把時間點拉開，要有歷史感，你才可能真的去理解這個人、這個病是怎樣在一個文化當中、社會當中、國家當中、全球當中，出現了一些變化。

第三個是人道精神。人道精神不只是講理論，要怎樣落實人道精神，最重要的是要關注具體的個人、生命，而這個具體的個人生命一定是跟具體的社會福祉有關。所以並不是說，你寫了一個人的可憐故事、一個悲苦的故事，那個意義就會自然出現。不是的。必須把這個人的故事放在社會福祉的脈絡裡，就像剛才說的更廣泛的脈絡當中，才能真正理解人的悲苦之所以成為悲苦，或者福祉之所以成為福祉，究竟是怎樣建立的。

這就與第四點「巨觀和微觀必須兼具、相連」有關。「兼具」可能好懂，「相連」是什麼意思？相連是這關係要能連得起來。很多人在寫東西的時候，會寫微觀也會寫巨觀，但是連不起來，當連不起來的時候，可能就會出現「教條框架、黑洞式思考」。如果你希望寫出微觀和巨觀能夠相連兼具的觀點，就要避免教條框架。

最後、最重要的一個原則，叫作「倫理中心的研究和書寫」。醫療衛生相關的研究是以人的生命福祉做為研究主題，所以在倫理的思考上，應該會比其他的研究領域更為敏感，也必須更為謹慎。那什麼叫作「倫理中心」的研究書寫呢？舉一些例子，比如說，有些人在做研究的時候，會覺得我就是想做這個研究，或者說是老師叫我做這個研究，或是我剛好碰到這個研究。不管這個研究的題目是什麼，我想問：「為什麼你想要做的研究，這個社會要支持你？」或者是問：「你想要研究的對象，為什麼要配合你、協助你完成你的研究？」

我常碰到一些研究生，不管是臺灣、中國或是香港的，想要做研究，報導人卻不接受訪問，就問我：「要怎樣才能讓他們接受採訪？」我的第一個回應是：「為什麼你會認為別人一定要配合你的研究？」這是一個很重要的觀點——別人沒有義務來協助我們完成研究。如果我們希望做這個研究，是我們必須要付出、要說服人、要讓人相信、要讓人願意來配合我，讓我完成我的研究，這是一個很重要的倫理思考。並不是說我要做研究我就是最大，好像就有權力要進入別人的世界。

還有一個很重要的思考。我們想做研究，然後別人也接納了我們進入他們的世界，可是我們做了研究卻沒有書寫。沒有書寫是代表什麼意義？就是，我們沒有讓這個研究變成一個公開的公共性資產。那就出現了一個問題——我們是以研究之名去進入別人的世界，這是獲取知道別人生命史的一個特殊權力。可是，我們卻沒有盡研究之名的義務把它寫出來。

所以，你真的要去做一個研究，尤其是做一個攸關人的生命福祉的研究時，就要有一個很重要的心理準備：你要盡可能完成這個研究，而且要讓這個研究有公開發表的機會，這個是別人協助我們做研究的重要基礎。別人願意分享他的故事，是因為他希望這個故事能夠被這個世界知道，你所關心的這個主題也是他認同的。所以，我覺得「倫理中心的研究和書寫」，是最根本的、最重要的思考。

歧路的軌跡

有一位記者曾經在訪問稿中，說我「涉足了別人避之唯恐不及的研究領域」。所以，我想跟大家分享一下我的研究歷程——我是怎樣走上這條大家避之唯恐不及的「歧路」的呢？

大概有一個簡單的軌跡。我在念博士之前，我的碩士論文和我所有的研究經歷都跟醫療沒有關係。我年輕時就很喜歡讀理論，第一本帶給我強烈震撼的理論書，其實是馬克思的書，讓我在年輕時就注意到了社會不平等。還有文化差異等現象，我也都是先從書裡念到的，然後才有一些生活經歷，讓我從日常中去經驗性地認識這個社會和世界，將理論和觀察結合。

我曾經做過記者，待過兩個媒體，一個是《明報》，還有 *Taipei Times*（《台北時報》）。我是《明報》的駐臺記者，駐臺記者要寫什麼樣的新聞呢？相當於國家大事層級的新聞，還有屬於地方特色的新聞，既要抓住地方特色，也要抓到國家層級的比較巨觀特色。在《明報》當記者對我的眼光的訓練非常關鍵。而 *Taipei Times* 雖然是一個臺灣本地的報紙，但是一份英文報，主要讀者基本上是外籍人士或是外國人，所以它所扮演的角色跟《明報》有點像，抓國家大事跟地方特色。這兩個媒體經驗幫助我很快掌握了巨觀跟微觀的兩種視角。

我另外一個自我實踐的訓練，就是到柬埔寨。《明報》是一個香港媒體，所以待遇蠻好，我把明報的工作辭掉去柬埔寨，前三個月試用期的月薪，只有我在《明報》工作收入的五分之一。年輕時我覺得賺錢不是重點，而是有人願意給我機會去體會、見識世界，那才是最珍貴的事情。在柬埔寨，我做NGO的國際發展工作。在那裡，我覺得是我生命中首次大尺度的時空跨度，在文化差異上的跨度極大。因為柬埔寨整個社會發展的進程跟當時的臺灣以及其他地方的差距極大，也是在那裡我決定繼續念博士班。

柬埔寨的歷史可能有些朋友知道，它是在一九九〇年代初從赤柬的手中變成了今天的柬埔寨（也稱不上是民主化）。一九九三年聯合國維和部隊進入柬埔寨，在這之前，柬埔寨的愛滋病感染人數非常少，最多是兩位數。可是在我去柬埔寨的一九九八年，柬埔寨愛滋病的增長率已經是當時的亞洲之最，我們不能說統計數字絕對正確，像是當時的中國和印度有些數字也是很不清楚的，但柬埔寨在亞洲就是數一數二嚴重的地方。我在當《明報》駐臺記者的時候，就已經開始非常關注愛滋病的問題。愛滋病在臺灣，剛開始時主要是男同志之間的問題，我當時最好的朋友之一就是一位男同志，因為他的關係我接觸到了罹患愛滋的男性朋友。當時臺灣的愛滋問題對我來講很大，但當我到了柬埔寨，發現這個愛滋問題更大了，是一個國際關係的疾病。我當時的知識跟分析能力沒有辦法讓我去解釋愛滋究竟是怎麼一回事，所以我就決定繼續讀書。

在千禧年，二〇〇〇年，愛滋病基本上就是人類進入二十一世紀的全球衛生標誌性疾病。二〇〇〇年時，美國總統柯林頓公開說愛滋病是美國國家安全的問題，這是歷史上首次有總統說一個疾病是國家安全的問題。現在可能我們不覺得這很稀奇，尤其COVID-19，幾乎每個國家都認為這是國家安全的問題。但愛滋病是歷史上首次有一個總統這樣宣示。

二〇〇〇年時，在南非也出現了很重要的歷史事件。愛滋病有專利藥和學名藥，當時的南非總統在南非組織的國際愛滋大會上公開說愛滋病不是病毒引起的，引發軒然大波。他的說法顯示了他的兩個傾向，第一個是，他當時傾向非主流的療法，他曾經被指控說不允許當時南非的醫療機構使用雞尾酒療法來治療當地的愛滋病人，這是非常為世界詬病的。但他這樣說，其實還有一個重點，他想強調，非洲愛滋病的問題是貧窮的問題。還有，他也覺得，非洲的愛滋病之所以這麼嚴重，跟非洲的殖民處境有很大的關係。當時，全世界的人都在罵這位總統，我也覺得他值得罵，因為他阻止了正式的療法。但是，他所講的話，其實也有值得我們反省之處。

二〇〇一年，南非又發生另外一件重要的事。二〇〇〇至二〇〇一年的轉折中，因為當時南非是用學名藥，後來國際的三十九個大藥廠在南非打官司，要控告這個學名藥的使用，因為學名藥侵害了他們的專利權。這個官司吵了至少三年，全世界輿論譁然，以無國界醫師組織為首的好幾百個國際組織跟專家人士，一直呼籲這三十九個大藥廠放棄官司。因為官司打下去，大公司贏的話，就是全世界許多貧困感染者的命輸了。最終在二〇〇一年四月，這三十九個大藥廠在南非撤銷了這個案子，那是當時非常重大的新聞。

二〇〇〇年，《紐約時報》第一次公開報導了河南愛滋病的問題。河南愛滋病跟全世界的感染途徑都不一樣，是因為在河南不安全的賣血所造成的問題。二〇〇一年的時候，就像前面說的，涼山爆發了愛滋問題。

愛滋病在千禧年的時候，在世界各地，基於不同的原因，都造成了很大的新聞。

對我來講，理解愛滋病是我認識這個世界、認識二十一世紀一個很關鍵的疾病。

我投入這個研究的時候我就決定，愛滋病的問題太龐大了，需要瞭解的面向太多，我決定給自己十年的時間，來瞭解愛滋與這個世界的關係。我願意給自己十年的時間，也願意接受跨學科的訓練。我本來的研究是人類學，基本上是一般的文化人類學，但是如果我要做醫療衛生的研究，只有一般人類學的知識的話，可能會出現很多知識上的盲點，所以，我就去美國哥倫比亞大學讀了一個整合性的博士學程，就是人類學跟公共衛生結合的學程。就是在這樣的情況下，我做出了《我的涼山兄弟》。

這大概就是我的研究歷程。如果用一個很好笑的方程式跟大家講，就是從一年、到一個月、到一天、到大半輩子。

我覺得人生真的是算不準。我在寫碩士論文的時候，是從後殖民的觀點來分析臺灣原住民的文化運動，用了一年的時間來完成論文，寫完之後覺得好累啊，做一個研究要做一年、放在心裡放一年，很吃力。畢業後，我先到一個月刊新聞雜誌工作，那時我覺得好輕鬆，從一年到我只要做一個月就好，很高興。後來，我從這個雜誌換到《明報》駐臺記者的工作，那是日報型的工作，我覺得更輕鬆了，從一年到只要一天就完成了。可是，後來我發現，對我來說這也出現了一些認識上的問題：如果工作只有一天的話，有很多一天無法解決的問題，甚至於一個月、一年都無法解決的問題，我都沒有辦法再回頭檢討它們。因為跑新聞就是這樣子，像跑馬燈一樣，很少回頭。所以，有時我覺得很空虛，很多事情我還想要深入瞭解，但是把報導寫完後就必須離開，這種感覺不太好。

所以，後來有機會去柬埔寨時，我就決定要去了，我想要動手做，不想再透過一個距離去看這個社會，我想要跟它很貼近。結果，在柬埔寨做了快兩年的工作之後，我又想念書了。等到去念書，投入到愛滋跟後來的研究，那就是大半輩子的事情。所以，我曾經覺得一年好累，到了現在大半輩子，我都沒有辦法再說累了。

再回頭看自己的軌跡發展，覺得蠻有趣的，這也是我們在尋找自己的熱情、尋找生涯的過程中，一種常見的情況吧。但是，我很確定的一件事是，如果沒有柬埔寨的經驗，我不可能完成涼山的研究；沒有涼山的研究，我也不可能完成麻風醫生的研究。所有的認識，包含我自己的韌性，都是一步一步建立在這些基礎之上才完成的。所以，我沒有辦法帶著年輕學生去做跟我一樣的研究，因為如果他們還沒有準備好，就要被放到需要面臨很多挑戰的狀態之下，可能受傷的風險不小。我覺得生命需要累積，但是當你累積到一定程度之後，可以去做更大的嘗試。

非主流的風景之美

你問我說，做跨領域的研究，跨越了這麼多的界線，這個非主流的風景好不好？我沒有辦法直接回答這到底好或不好。有一首詩很多朋友尤其年輕朋友都喜歡，我年輕的時候也非常喜歡這首詩，就是佛洛斯特（Robert Frost）寫的：

Two roads diverged in a wood, and I—
I took the one less traveled by,
And that has made all the difference.

我曾經跟一個美國的好朋友聊天，我們都很喜歡這首詩，但是他看到和在意的是前面的兩句，「I shall be telling this with a sigh／Somewhere ages and ages hence」——他嘆的這口氣是什麼意思？我先跟大家講別的，讓大家自己判斷他嘆的這口氣是什麼。

我常跟同學說，不要專挑安全輕鬆的題目來做研究，才能體驗、學到更多，拓展生命視野的地平線。如果等到青壯年時才想要做重要的研究、尋求意義，可能已經來不及，因為少了挑戰自己和這個世界的必要眼光與力氣。年輕真的很重要，有些問題年輕時才會問，才有能力追問，才有股力氣不放棄的直面問，老了就有答案了，哪怕是模糊不滿意的答案，不會再問了。基本不會再問了。所以你說，他嘆的這口氣是什麼意思呢？你可以說這是一種遺憾，也可能說這是後悔，我的詮釋是，這是一個生命體悟。

如果大家喜歡和欣賞我寫的兩本書，如果大家覺得我在這書裡完成了一些基本的人道精神的追求，如果這也是你希望達成的目標的話，那我們看這首詩的時候，也許重點就不用放在前面了，是否嘆氣也就不是關鍵。重要的是可以提醒大家，如果你要讓微觀和巨觀都能夠兼具，要產生這樣的眼光跟實作，是需要鍛鍊的，鍛鍊必須從年輕的時候就開始做，到了青壯時期後才開始做，有點困難，因為年輕的時候彈性比較大。

我講了這麼多，我沒有跟大家說我曾經吃過的苦，但我想大家也看得出來做這些研究都是挺累的，可能大家會問我到底有沒有收穫呢？我在今年一月二十九日寫的〈說給倖存者聽〉，問了一個問題：

一個無法積累朝向幸福所需的歷史感的社會，如何能記取前車之鑑以造福後人？

我提的問題，現在我的回答是，所以我們不能停止關注、研究、發言、書寫。我們必須繼續去做我們認為是重要的研究，必須繼續去說我們認為是重要的話，必須繼續去寫我們認為是重要的作品。

具體的工作做起來非常辛苦，但是我覺得有收穫，而且非常大，難以一言敝之，我這裡藉著漢娜·鄂蘭對雅斯培的頌讚，以為座右銘，與大家共勉之：

> 對他而言，責任並非負擔，也無關乎道德的驅動力，那是一種在彰顯現實、釐清混沌、照亮黑暗時，自然流露的內在喜悅。

就是這樣。做這些事情的時候感受到的內在喜悅，是無價的收穫。

【附錄四】

梁文道×劉紹華：人類學家要如何關照這個世界？（訪談）

訪談原始出處為梁文道《八分》音頻節目，二〇二〇年八月三日錄製，由胡紹鈞整理逐字稿。

本文經過編輯刪節。

從柬埔寨到中國，從後殖民人類學到醫療人類學

梁文道：在開始之前我想跟你聊一下。紹華我知道你是念人類學的，你在美國哥倫比亞大學念人類學博士，現在在中研院的民族所，我很好奇你目前最重要的兩部學術專著，都是關於在中國大陸的研究。可是我有一個印象，因為我以前看過一本你的類似筆記性的書（《柬埔寨旅人》，後收入《人類學活在我的眼睛與血管裡》），談到你以前在東南亞的經驗，而且你在柬埔寨停留過至少兩年？

劉紹華：對，接近兩年的時間。

梁文道：所以我很好奇學術研究的範圍移轉，你是先去東南亞再到中國，還是反過來？

劉紹華：是先去東南亞，但是我很少把我在東南亞的經驗當成「研究」，雖然廣義上來講也是在研究，因為也是在觀察當地。我最早的時候是做臺灣（原住民）研

究的，因為〔初階〕研究一定是從身邊開始做起。

梁文道：所以我也很好奇你做為一個人類學者，當初是怎麼走進這樣的題目？第一是研究疾病、傳染病，第二是在中國大陸研究傳染病，這個契機跟興趣是怎麼開始的？

劉紹華：這兩個不是同時開始的。我對於疾病的研究是從臺灣開始，我以前在臺灣當記者的時候，經歷過臺灣的愛滋運動，那時候我開始接觸很多男同志生老病死的問題，就對疾病的問題很感興趣。當時人文社會科學對於疾病的興趣其實不高，我是因為做記者的關係才很關心這個議題。我本來是跑政治線的記者，但一直很努力想要跟別人調成醫療線。

梁文道：你當時做記者，是不是接觸很多愛滋議題，特別是同志運動，給你很大的吸引？

劉紹華：對，它讓我看到一些事情。可是當時我也說不清楚看見什麼，但就想瞭解，在這之前我並沒有受過任何醫療衛生的訓練，所以對我來說就是透過採訪，認識很多醫療衛生的專家、NGO工作者，包含同志運動裡的愛滋工作者，都是開啟我認識疾病與社會很重要的管道。那時候只要有機會跑醫療線、社會線，我就很高興地去跑那些新聞。也是在這過程中有機會幫到一個NGO的忙，那個NGO的人認為我像是適合去柬埔寨工作的人，就問我願不願意。我就去了。

梁文道：看你的樣子就像是要去柬埔寨的，真有意思。

劉紹華：我去柬埔寨之前，有一次在採訪過程中還被攝影機砸傷，有腦震盪。出發前，我腦震盪才修復了大概兩個月吧。我去回診看醫生，他跟我說：「你腦震盪沒好才會要去柬埔寨。」因為那是一九九八年，柬埔寨才剛從戰亂動亂中要恢復。

梁文道：內戰好像才剛徹底結束沒多久。

劉紹華：對，剛結束。去柬埔寨後，我在那裡看到了愛滋問題，因為我對愛滋已經有基本常識了，在柬埔寨我就看到更大的問題。柬埔寨是一九九三年後才開放，聯合國的維和部隊才進入接管。在一九九三年之前，柬埔寨的愛滋通報感染數很少，可能是沒有什麼檢測，也可能是還沒有擴散。可是聯合國部隊跟很多國際發展組織、商人、甚至是三教九流的都進入柬埔寨，讓愛滋擴散得很快。當時我去的時候，它的愛滋感染增長率是亞洲之冠。這個國家開放沒多久，問題就變得很嚴峻。我在那工作的時候，看到全世界的勢力都進入這個國家，看到很多我當時的知識沒辦法完全解釋的事情。我在那工作快兩年後，有一天就在吳哥窟圖書館的遺址，突然決定要出去念醫療人類學博士。

我本來就是念人類學的，但是以前在臺灣並沒有真的發展醫療人類學，對於國際規模、公共衛生型的醫療人類學是完全不認識的，但我在柬埔寨看到了醫療人類學對於理解這些現象在方法觀點上的意義。雖然我還搞不清楚，但我決定要去念。決定後，在柬埔寨待沒多久，我就回臺灣，因為必須要考托福、英文這些，在那邊沒辦法準備。我本來以為我會回到柬埔寨做我的博士論文研究，可是我回來臺灣準備出國考試的過程中，繼續當記者，有一天一個美國同事——我當時是在英文報紙 *Taipei Times* 當記者——她傳給我美國《紐約時報》關於河南愛滋病的報導，幾乎是整版。

梁文道：那時候是一個熱門話題。

劉紹華：一個震驚世界的新聞。我從來沒有想過要去中國做研究，在那之前沒想過，可是看到新聞後，那好奇跟震驚的程度不下於我在柬埔寨的感覺。所以，那一年我去美國讀書的申請，研究計畫就是寫柬埔寨跟中國，這兩個地方都是我想理解的。

梁文道：我們能不能再後退一點來講，醫療人類學是一個怎麼樣的學問？過去我們談到醫療，包括公共衛生問題，比如說我們現在面對的新冠肺炎，都很少想到這個跟人類學家有什麼關係。人類學是怎樣切入這個議題，你能不能稍微簡單跟我們介紹一下，也可以結合一下當年你在美國就讀的狀況。

劉紹華：其實人文社會科學裡，我覺得醫療人類學是跟醫療最有關係的學科了。人的生老病死苦，都脫離不了人類學的研究範圍。以美國人類學來講，它是四個分支，含考古學、體質、語言、文化人類學，跨越自然科學跟人文社會科學，很少有學科能夠涵蓋人文社會科學跟自然科學，我可以想到接近的學科是心理學，涵蓋了生物跟人文，但是人類學可能比心理學更廣，因為人類學還涵蓋了考古，必須對環境有意識、必須考量物質的性質。而醫療人類學是美國人類學會下最大的分支。

梁文道：真的？

劉紹華：對，很大。但是在亞洲，不管是哪裡，醫療人類學卻是相對晚發展的。我覺得這是亞洲，我講亞洲主要是指東亞，跟東亞的學術發展範式有關。以人文歷史的關注來講，要麼就是國家、政體相關，要麼思想人文，可是像這種很貼近人的身體，很接近日常生活的事情，本來就不是東亞學術裡的主軸。這種很落地性的關注，可能有一點稱不上高大上。

梁文道：我明白，因為它太具體了。

劉紹華：對，很具體。但事實上人脫離不了生老病死苦，社會政治經濟也脫離不了生老病死苦的影響，所以其實醫療人類學的研究可能是具體而微，也可能是大到總體經濟學或是政治政策的層面。可是有這種想法的人類學者，尤其是醫療人類學者在東亞非常少。在我自己做醫療人類學研究之前，我在東亞看到比較跟醫療人類學相關的研究，還是比較地方文化層面的，比如說俗民醫療或是另類醫療。

梁文道：比如說研究傳統巫醫的醫療方法跟這個社會文化的關係等等？

劉紹華：對，或是宗教的療癒，近來有些人會做一些臨床的疾病痛苦敘事之類的。這些研究其實也很重要，但是常留在比較個人或單一層面上的討論，沒有拉開到讓我們看到社會的邏輯或政府的治理層面。

我自己學習的經歷，不是一路念人類學上來，所以我不是受到東亞人類學這種範式影響的人類學者。從年輕我就很喜歡讀人文思想、社會理論，尤其是批判理論，或是對總體經濟學也有興趣，所以我投入人類學的研究跟訓練的時候，總是希望能把那個巨觀的意義拉出來。二〇二〇年這個新冠肺炎疫情，我發現很多人對我做醫療人類學的做法，好像是第一次看見，覺得很有興趣。這樣的研究著作其實已經存在很久了，但是大家以前都沒看到或是看到而沒有感覺。今年的疫情讓不少人突然發現，醫療人類學的格局很大。我們也必須從很大的格局層面，才能真正理解到人在這個處境中的脈絡。

疾病名稱與汙名歧視有何關聯？

梁文道：你提到今年的新冠肺炎問題，我想先從一點開始談起。首先我們知道，這場肺炎在命名上出現很多爭論，這也是你再三強調的。我們都知道這肺炎名稱本身就代表很多問題，一開始是中國政府把這個肺炎跟武漢這個地名連結起來，我忘了一開始怎麼稱呼的，你還記得嗎？

劉紹華：就說「武漢的肺炎疫情」或「武漢不明肺炎疫情」。

梁文道：這個名詞在很多地方就流傳開來。後來，我不知道中國政府是不是意識到這個問題，就開始改變對它的稱呼。然後，世界衛生組織從自己的醫學專業角度，給它正式命名。現在中國標準的叫法是「新冠肺炎」，可是「武漢肺炎」這個詞還是不脛而走，美國川普總統乾脆叫「中國肺炎」。我們知道歷來的傳染病，在命名上很多都跟地方有關，像是西班牙流感、香港腳、中東呼吸症候群。還有一些病，表面上跟地名無關，但在別的層次上，跟宗教、文化、政治上的想法相關，比如說中古歷史上有名的黑死病、黃熱病等等。你是不是覺得我們應該檢討這種命名方式？過去的歷史是已成的歷史，大家已經約定俗成，但是對於現在仍在發生的這場瘟疫，你是不是認為像是美國或很多地方都還是叫「武漢肺炎」、「中國肺炎」是有問題的？

劉紹華：我同意，我一直認為這有問題。疾病的命名一直是很複雜的問題，就像剛才提到的疾病，像香港腳的正式名稱不是香港腳，而是足癬，我們講的名稱很多已經在醫學上有正式名稱。特別在二〇一五年中東呼吸道症候群（MERS）之後，因為中東國家抗議，所以世界衛生組織就做了正式呼籲，希望全球的科學家、政府、媒體，在命名新的疾病名稱時，要盡量避免對於國家、經濟體或是人群造成不必要的負面影響。

到了今年的新冠肺炎，中國大概是在一月七日確認病原體是新型冠狀病毒，所以世界衛生組織隨後將這個病毒命名為新冠病毒，但在二月十一日才正式給疾病命名，在這之前，用的都是「新型冠狀病毒引發的肺炎」類似這樣的說法。所以，世界衛生組織是有這樣的敏感度，只是因為這次世界衛生組織一開始的表現太不好了，所以它的敏感度變成大家奚落的面向，再加上中國政府剛開始否認的行徑，也讓大家覺得你說的話我也不想再聽了。

我有些朋友，平常覺得都是自由主義或溫和知識分子型的人，但這次也很不忌諱地就叫「武漢肺炎」，他們可能不至於叫「中國肺炎」，我常問他們為什麼要這樣叫呢？我覺得有一個情緒，那個情緒就是針對中國政府在疫情初期表現的一種反彈，大家很刻意地表現出叫它「武漢肺炎」並沒有歧視啊的反應。通常我會說，歧視並不是施加歧視的人來決定有沒有歧視，而是由可能被施加歧視的人感受是不是歧視。所以我覺得武漢的人不喜歡叫它「武漢肺炎」的話，那我們就不應該叫。但是，外界也會有一種說詞，就是武漢當地的人很希望叫「武漢肺炎」。

梁文道：真的喔？為什麼？

劉紹華：他們的說法是，不想要這筆帳被輕輕放下。但這種說詞是從完全不同的觀點出發，有趣的是，兩種不同觀點出發的說詞最後走到一起，一起去維繫了這個詞的使用。但是，因為我自己一直是做這種比較汙名性的疾病研究，我看的不是只是當下瞬間，而是長久的社會影響。不管是愛滋病或痲風病，甚至是藥用成癮，我覺得我們當下不經意或是不在意的言詞，都可能不斷地在社會中再造，甚至會自行創造出意義，而且會創造出什麼意義跟方向是我們不可預期的。所以，從一開始能避免這種汙名歧視的話，就應該盡量避免。但是，這次我覺得太多糾結於中國政府還有世界衛生組織在疫情初期的不滿情緒，所以一時之間要讓「武漢肺炎」的說法被放下，大概很難。

梁文道：你能不能簡單說一下，關於疾病的命名，如果一開始不小心，然後固定下來，在當地長期而言會產生什麼影響？你能不能舉個例子，比如說你對於愛滋的研究，或是麻風病的研究，說說看這種汙名化後來形成的長期效應會是怎麼樣的？

劉紹華：麻風就是一個例子。像麻風在中國，正式名稱還是叫麻風病，但是在中國之外的世界，大部分都改成漢生病，因為最早發現麻風桿菌的挪威漢生醫師，國際上就用發現者的名字來取代原本的麻風（痲瘋）。所有懂中文的人，就算不知道怎麼發音，一看字就知道那是不好的字。

當時的中國，尤其是在一九五〇年代末到一九六〇年代，陸陸續續地將「痲瘋」病字部首去除了。這其實是一種進步沒有錯，但是它在發音上還是一樣，而且當年中國的文盲很多，在疾病稱謂上並沒有改變人們對於疾病的印象。所以，我的研究要強調的重點是，雖然中國在一九五〇年代展開麻風防治運動，但是整個過程中忽略了一件事，就是忽略了去除疾病的汙名。所以，雖然防治看起來是成功的，但是疾病的汙名始終存在，並沒有減緩。

梁文道：對於今天仍然存在的病患來講，這種汙名實際上產生的影響是什麼？

劉紹華：很大的影響。我們從病患的角度來看，一個最基本的社會層面影響，一旦被診斷出麻風病，可能失去工作、家庭，成為一個社會邊緣人。所以，因為這麼強大的汙名存在，大家就不會想去檢查。就像現在可能感染新冠肺炎的人，他不想去被檢驗，因為被檢驗出來，他可能成為眾矢之的，大家攻擊的標靶。真的有很多病人一旦被發現麻風，因為汙名太強大了，可能立刻就家破人亡，失去工作、生存的空間，甚至整個社區、小區、村子都要把他趕出去。以前在涼山到八〇年代都還發生麻風病人被迫自焚的慘劇。

梁文道：我們從論辯的角度來講，也許有人會反駁說：難道換一個名字就不會有這種情形嗎？比如說不叫麻風，叫漢生病好了，難道就不會發生你剛剛說的情形，乃至於一個病人要跑去自焚的慘劇嗎？

劉紹華：這就是在做社會觀察、歷史研究的重點：所有的改變都不是一夕之間發生的，改變名稱只是第一步，但絕對不是做這一步就好。以中國的麻風例子來看，它做了非常多的防疫，但是在疾病汙名的層面上，始終沒有花費太多力氣。一九八〇年，用世界衛生組織的標準來看，中國基本上已經把麻風病消滅到不再對公共衛生有威脅的程度了，那其實是一個相當可觀的成就，表示之前的防疫人員做得很好。可是一到八〇年代，改革開放了，人可以自由選擇工作，不再被指派強迫的時候，就看到大量的麻風防疫人員離開崗位，大家都不要做了，變成很多防疫工作沒人管，要再招募新人也沒人要去。當人有選擇自由的時候，又受到汙名影響，不會有人要自願去。

梁文道：我印象最深的就是這點，當時被歧視的不只是病患，還包括醫治他們的醫生，以及相關防疫人員都會被歧視。

劉紹華：這種情形在學術上我們稱為連帶汙名，也就是跟生病的人有所接觸的人都會共享他的汙名，所以這些醫生也是一樣，當年沒有人要去做麻風防治的時候，被指派去做的醫生，多是所謂的「黑五類」。他們比患者跟家屬受到汙名的情形更複雜。因為這些醫生的出身，他們的家庭成分就是受到歧視的，然後他們又被派到在醫學領域中被認為是最低下的專業，一個最沒有發展潛力的專業。種種不同的歧視汙名就湊在一起，雖然各種強制動員的防治結果成功了，可是這個歧視汙名反而更深化永續，導致改革開放後的防治，很難延續之前的力道，因為當人有自由後，他就想要擺脫歧視。我再說一個例子，我的印象是二十一世紀初，不記得那一年了，書裡有寫，應該是廣東省吧，要編纂麻風防治，好像是因為建國五十年還是六十年的關係。（《麻風醫生與巨變中國》頁二四〇）

梁文道：建國六十年。

劉紹華：建國六十年他們要編纂一個麻風防治成果的畫冊，一名醫生就在晚上找上了這個畫冊主編，要主編不要將一張他年輕時參與這個工作的照片放入畫冊裡。因為這個醫生當年念研究生時，他的老師是做麻風工作的，他就跟著老師做麻風相關的研究，可是畢業後就轉行了，也不肯讓別人知道他做過麻風工作，這是二十一世紀的故事。所以，一個社會如果沒有對歧視汙名有最基本的反省意願的話，那後面我們認為更重要、更有影響力的反省都不會發生。

我在臺灣跟朋友聊過說我覺得「武漢肺炎」這個名字不好，希望大家不要再使用。有人說名字不是重點。名字本身可能不是重點，重點是背後的社會脈絡，但改變名字是很重要的反省象徵。我只是覺得，如果沒有這個象徵反省的第一步，後面的期待都不可能發生。所有的轉型正義、懺悔反省、改過自新，經常都是從很象徵性的第一步開始。

現代社會該不該繼續製造標語口號？

梁文道：我們剛才講到語言敏感的問題，你對口號、標語很敏感。我可以跟你分享一下，我跟你是同代人，我小時候在臺灣念書——我是在香港出生——我覺得很有趣，當年我從臺灣回到香港後，第一個感覺就是，口號、標語不見了。因為那時還是臺灣解嚴前，臺灣在解嚴前也是滿街口號，像是「小心匪諜就在你身邊」、「莊敬自強，處變不驚」，一堆口號一堆標語。香港是沒有口號跟標語的地方。我們坐香港渡海的小輪，來往維多利亞兩岸的輪船，上面會有牌子說不能在船上吐痰，那個說不上是我們熟悉的標語。為什麼大陸有這麼多標語口號，這種東西你到大陸做田野調查的時候，是不是覺得很震撼？

劉紹華：也不至於到震撼，但剛開始的反應是覺得很好笑。因為以前在臺灣的標語口號是兩類為主，一種是要大家「勿忘在莒」、準備要「反攻大陸」這種比較國家方面的口號，另外一種是要你洗手、注意衛生、家庭和諧之類的。但是除了這些口號之外，其他生活層面的口號就沒有這麼多了。可是到了中國我覺得好像什麼事情都可以變成口號，從吐痰、生孩子、養雞豬、種稻、街坊鄰里的關係、政策，而且文字語言的語感，常常會讓我很想笑出來。就會覺得，中國文字博大精深，可是淪落到這麼粗俗的應用程度，覺得挺難過的。因為很多口號是地方幹部想出來的，不一定是中央政府喊下來的。所以我常說他們的口號是「我手寫我口」，如果幹部的口很粗，那寫出來的標語口號就會很粗，如果幹部的文化水準不錯，說不定這個口號就會文雅一點。

梁文道：其實大陸很多人覺得這就是我們的國情，中國特色有什麼問題？不要帶著外面的眼光來看。我想提醒一下聽眾，像是計劃生育，現在都鼓勵大家多生。但在嚴格一胎制的時候，當時有些口號真的讓人怵目驚心，比如說「寧讓你家破人亡，不讓你超生一胎」、「逮了就紮，跑了就抓」，這是很可怕、甚至殘酷的口號。今天我們用現代文明的眼光來看，這都是有問題的。但是我們回想民國時期到中國人民共和國建國初期，其實中國的文盲比率非常高，所以中國共產黨早期最常見的工具，一開始除了口號之外，就是民謠，或是民間的段子，每到一個地方就迅速地吸收學習當地各種民謠、山歌，然後加以政治化，變成革命歌曲，來鼓動革命的意識跟情緒。我們回頭講，你覺得到了今天，口號是否還有必要？今天我們有這麼多的移動互聯網，基本上文盲問題不是一個主要的社會問題，是否還有必要使用這麼大量的口號？尤其是在傳染病問題上？

劉紹華：從我的角度來看，我當然認為不必要了。因為口號從來就是一個單向溝通的方式，在人民知識水平比較高的現代社會，比較好的良善治理應該是雙向互動，而口號勢必無法達到雙向互動的效果。可是從政府、尤其是地方幹部的角度來講，可能會認為口號是一種很方便的治理工具。口號非常適合用來動員，所以全世界到了今天，就算是不常使用口號的歐美國家，他們在做社會、政治動員的時候，也會喊出口號，只是那個口號可能水平會好一點。比如說川普當初在競選的時候，喊出的口號就是「美國優先」、「美國第一」，歐巴馬在競選的時候就是「美國夢」、「改變」，這些都是口號，只是這種口號是在特定情境下才用，並不會在日常生活中使用。所有的政府治理經常可見口號，要別人不加思考地去記誦它的目標。可是，一個具有現代性、理性的治理，應該是要有一個互動回饋的機制，這種口號治理，並不具備回饋的效用，只是不斷地單向傳遞。在農村或是少數民族地區，那個口號你都不知道是在跟誰喊。尤其是在少數民族地區，口號用漢字寫出來，很多年紀大一點的人根本看不懂，不知道是什麼意思。

梁文道：可是會不會也有像這次新冠肺炎，跟疫情相關的口號說不定真的有效，特別是在一些農村？比如說前兩個月，很多中國人很震驚地發現，原來中國有一半的人口月收入是沒達到一千人民幣的，我們過去都覺得中國已經是世界強國，非常的先進發達，但是現在這個（並不發達的）印象又回來了。在這種情形下，是不是在有些地方，沒辦法複雜地解釋防疫政策背後的邏輯，跟醫學公衛上的理由的時候，簡單的口號貼得到處都是，使你無時無刻看得到，慢慢深入你的記憶。我舉個例子，今天全世界防疫都強調保持社交距離，我們見到在大陸農村地區，它的口號就是「今年上門，明年上墳」，這個有點恐嚇的口號其實還是有用的。

劉紹華：恐嚇是有效果的。但在談社會發展的時候，我們要記得一件事，它一定是一個漫長的過程，就像我們在講去除社會汙名的過程很緩慢一樣。我們在談社會問題的時候要想說，我們希望的目標是什麼，再看是不是需要改變。如果我們希望未來不管是政府、民間、社會都能雙向溝通，或是所有政策都能用比較合理、甚至充分溝通的方式去做，不管是衛生教育或基本常識的教育，如果這些才是真正的目標，那我們就很明確地知道，口號並不能達到這個目標。口號也並不能教你怎麼思考。當人沒辦法去做比較複雜的思考跟獨立判斷的話，就永遠只能被餵養口號。從政府的角度來講，人民不獨立思考是好事；但有的時候也不見得，尤其當政府希望人民要改變的時候，它就發現人民無法改變，它也很頭疼。

梁文道：不過，以我個人有限的經歷來想像，如果不用口號，就要挨家挨戶去做公共說服或是稍微複雜的衛生教育，這是比較困難的。儘管今天的移動互聯網、大眾傳播媒體這麼發達，所有防疫的知識跟做法都有很多方法可以傳達開來。但是，有時候簡略甚至是粗暴的口號，對於某些地方幹部來講，口號其實是給他們方便——我貼了口號，表示我的公共衛生做到位。他會想，你要我天天挨家挨戶跟他們說不要吃蝙蝠了、不要吃野味了，或者做一些政策來規管這些事情，是很難的。但貼張口號，比如說我見到今年新冠肺炎初期的口號就是「偷吃野味，地府相會」、「野味一時爽，隔天醫院躺」，我把這些弄出來，我的任務就完成了，我何必搞這麼複雜呢？

劉紹華：是啊，我同意，這是在緊急狀況下，很有效的訊息傳遞方式。即使暫時無法放棄口號做為地方治理的方法，但至少在口號的製造上，包含文字或用語的使用上，是不是可以改善一點，不要再用沒有把人當人看待的威脅恐嚇方式來傳遞訊息？因為我總想著，一個小孩，如果他從小就聽這樣粗暴的口號長大，他腦袋裡可能會生出對人的人道精神嗎？可能會生出對人基本尊重的態度嗎？可能會養成好的禮節嗎？很難吧。

梁文道：我舉個例子，前幾年網上批判的計劃生育口號，叫作「誰不實行計劃生育，就叫他家破人亡」，假如我在這個村子從小看這個口號長大，我就會覺得我們要達到某一個目的，讓別人家破人亡是無所謂的。我也很擔心這個問題。我們從一開始對這場肺炎的命名、汙名化效果開始講起，講到口號，你覺得有沒有一些標語口號，是跟一個疾病病患的汙名化相關，或是會對他們造成傷害的。

劉紹華：我現在一時想不出來這種很汙名性、直截了當的口號。但是舉例來講，比如我在涼山做研究的時候，當時因為當地愛滋病比較嚴重，毒品的問題也很多，就會出現一些口號，大概是叫大家遠離毒品、預防愛滋病，有的時候會出現一句話要你「潔身自好」。當我們要別人潔身自好的時候，其實就隱含了這個人做了不規矩的事情，才會呼籲他要潔身自好。或是出現「禁毒防艾人民戰爭」，這告訴我們說愛滋跟毒品的問題，我們要把它當成是戰爭一樣，它是跟人民為敵的。這樣的口號我覺得會產生一種效應，因為疫情太複雜了，毒品是怎麼進來的一般人搞不懂，所以大家針對的對象就變成這些感染者、這些使用毒品的人。

我是二〇〇二年進去涼山做研究，到我的英文博論出版的時候是二〇一〇年，這近十年當中我看到的是，當地民眾對於愛滋病本來沒有什麼歧視汙名，到後來很明顯地對愛滋病已經開展了歧視汙名，而且主要是年輕人、受過教育的人，對愛滋的歧視特別嚴重。因為他們看得懂漢字、聽得懂政策，他們收到的訊息都是這種口號。而不是告訴他一個複雜的面貌，也不是告訴他要怎麼思考人的情境，只是口號式的單向溝通，直接傳遞給他們的是「恐懼」、「譴責」兩個字。

梁文道：我覺得最後講這一點很重要，口號造成的社會影響其實非常大。所以如何去命名或是用言語表達一個傳染病或社會危機的時候，我們千萬要小心，可能一時之間覺得無所謂，但是它留下的長期影響是非常深遠的，而那影響說不定是很糟糕的。

劉紹華：我覺得文字跟語言太過日常生活、隨時可能脫口而出，但是影響力真的很大，真的可能是禍從口出。

梁文道：真的是，希望今天我們都能吸取教訓。

【附錄五】

曾夢龍×劉紹華：從麻風防疫史看公共衛生防疫中的個人權利問題（訪談）

此專訪刊登於二〇二〇年二月十七日《新京報》，本文是根據特約記者曾夢龍完整的訪談稿進行編輯。

二〇一三年十月，劉紹華得知九十歲的葉幹運教授逝世。這個消息令她震撼，也促使她改變寫作想法，從原先關於中國國際麻風援助的英文書變成關於中國麻風醫生的中文書。

葉幹運是麻風病、性病、皮膚病學專家，曾任中國醫學科學院皮膚病研究所室副所長等職，也是建國後最早從事傳染病防治的醫生之一。劉紹華是人類學家，現任臺灣中央研究院民族學研究所研究員，也是為數不多長期研究中國傳染病防治的人類學學者。

《麻風醫生與巨變中國》是劉紹華繼《我的涼山兄弟》後第二本中文學術專著。和前著類似，這本也是從傳染病角度切入，分析國際與全球衛生，理解中國當代社會變遷的本質與傾向，以及身處變遷中的個人生命經驗與轉型。

具體來說，一九四九年前的中國是麻風流行之地；一九八一年，以世界衛生組織標準而言，中國已達成消滅麻風的初步成果。相比印度等國家，這個成果可謂舉世矚目、成就斐然。但她也認為，中國為此付出不小代價。

在回顧中國麻風防疫的成果和代價後，劉紹華在著作中討論了一個非常重要的倫理話題，即公衛防疫與個人自由的爭議。她在書中寫道：

現代衛生的論述核心議題便是「個人」與「公共」的拉鋸。在前現代時期，衛生與健康基本上是個人與家庭的命運和責任。關於國家衛生或國民健康的討論已指出，自十六世紀現代民族國家興起後，衛生逐漸成為國家所關切的公共性議題。十八世紀末、十九世紀初，由於西方民族國家的新興治理、都市化與工業化陸續擴張、細菌理論帶來的生物醫學科學知識、醫療專業社群逐漸掌握人口健康的論述與管理等歷史背景，衛生正式成為歐美工業先進國家政府的治理責任。在醫療專業化與社會醫療化的趨勢下，公共衛生興起，進入傅柯所指眾人身體是衛生治理產物的生物政治（biopolitics）時代。

但是，在國家生物政治時代，她認為「分類、界限與區隔可能成為維護公衛的有效方法，但同時也挑戰了關注個人福祉的人道主義」。按理說：

不論是醫療對個人病痛的照護，或是公衛對大眾健康福祉的關注，「人」應該都是衛生治理的根本。然而，社會成見、人群區隔、政治目標、國際連結、功績評斷、經濟效率等因素，卻常讓根本目標退居其他考量之後。實然與應然的矛盾，顯示衛生治理中常見的道德、政治與規模尺度盲點，在在影響我們對於集體利益與個人自由的衡量。

所以，正如我們所看到的那樣，「從古至今，社會對疫病的過度反應可謂常態，世人一再重複歷史，且以公共之名為之」，「從歷史中獲取的教訓似乎有限」。不過，劉紹華認為，「所幸，自由開放的社會主張透明機制與尊重個人的治理基調，對於這種一再發生的防疫混亂與無謂傷害，具有自我批判反省與修補錯誤的能力，讓社得以調整對個體造成無謂傷害的可能性與程度。」

對於此次的新冠肺炎疫情，劉紹華仍然秉持同樣的觀點：人們只有真正檢討反省歷史，才可能讓歷史不再重演。「我很希望社會反省，這樣就有可能去影響政治的反應，進而讓下一次的疫情不會重演。」她說。

如何思考社會反省和疾病汙名化之間的關係？

曾夢龍：無論是你早前做的涼山愛滋病研究，還是最近的新冠肺炎疫情，汙名和恐慌的現象同樣屢見不鮮。你如何看待傳染病和汙名、恐慌之間的關係？破除這種汙名和恐慌是可能的嗎？

劉紹華：如果能夠公開所有資訊，能夠反省歷史，一定有可能克服我們對傳染病的汙名化。在全球層次上，今天已經相對克服了對愛滋病、痲風病的汙名化，因為公開檢討了歷史對疾病汙名化所造成的副作用。這些公開的反省結果，有助於全球社會的自我反省；進而在自我反省後，不管是在政策方面，還是在日常生活人際互動方面，都會逐步降低我們對於疾病的汙名化。當社會存在疾病汙名化時，包括政策、醫療等方面還持續維持汙名化的狀態，就會互為因果，進而惡性循環。如果從國家政策、社會教育、媒體資訊等方面去汙名化，就可以通過善的循環去達到逐步遞減的社會效果。

如果疾病汙名化的社會現象沒有被消除，在社會觀念中仍舊強大，最重要的原因就是沒有進行社會反省。關鍵的原因就是根本無法公開討論以前的政策和措施是否犯錯和如何犯錯，包括錯誤政策的生成和實踐。如果社會沒能反省檢討汙名的社會根源和施政措施，怎麼可能重新看待我們到底做錯了什麼事情？進而惡性循環，錯誤政策理念只會不斷地促成惡性的自我複製。

傳染病問題是全世界的問題。在沒有辦法瞭解新型疾病的不確定性之前，大家都會恐慌，也都會做出錯事。在一個能夠公開反省的社會，如果再度發生傳染病時，社會能夠很快產生平衡機制。如果一個社會已經對疾病汙名化這種負面人性反應產生一定的免疫力，在面對惡性汙名化現象再度發作之時，社會免疫力便會與之同時起來反對疾病的汙名化。所以，要提升社會對於汙名化的自我免疫力，就必須有公開檢討，以及護衛善的存在和好的能力。否則，汙名化只會捲土重來，進而再度撕裂社會。

曾夢龍：一九五〇年起，中國逐步實施全國的麻風隔離政策。一九八一年改革開放之初，以世界衛生組織的標準而言，中國已達成消滅麻風的初步成果。相比印度等國家，這個成果可謂舉世矚目、成就斐然。但是，在《麻風醫生與巨變中國》中，你認為這個成果也付出了一定代價，將其稱之為「強制的人道主義（coercive humanitarianism）」。能不能講講如何理解「強制的人道主義」這個看似矛盾的詞？你又如何看待中國消滅麻風的成就與代價之間的張力？

劉紹華：在中國的歷朝歷代，麻風病基本上是由官府協助，社會一般不太參與。儘管中國民間社會素來活躍，也開展很多慈善活動；然而，由於民間社會對疾病的強烈歧視，對麻風病人不太給予協助。自西方傳教士進入中國後，開始有一些以基督教人士為主的針對麻風病人的民間活動。在這些活動之外，中國民間並不關注麻風病人。

一九四九年以後，中國社會強調階級翻轉，強調廣大人民的辛苦，重視底層人民的困境。故而，在最開始的階段裡，麻風病人其實被歸為象徵性的勞苦階級。因為，當時如麻風病、血吸蟲病等很多傳染病，基本都發生在農村地區，也讓農民階層備受煎熬。同時，麻風病也是洗刷國恥時所必須應對的事情：不管是對國家形象的建構，還是對底層人民的關注或承諾，使得國家層面必須去關注麻風病。所以，國家對麻風病人的關注是很普遍的，幾乎關注了中國各地所有的麻風病人，展現出了極為人道主義的一面。這是它的動機跟理念。

為什麼說是「強制的人道主義」？強制，指的是手段。在手段方面，有兩個面向是必須拿出來檢討的。第一個面向，是針對病人的部分。在當時的中國，幾乎所有人都恐懼麻風，恐懼到沒有人敢靠近；針對麻風病人的處理，基本就是將他們隔離起來。可是，在第二次世界大戰前後，全世界都已經開始檢討對麻風病人的隔離問題，不管是世界衛生組織，還是對麻風病疫情防疫相對成功的國家，都已經在國際麻風大會上宣導和反省了隔離政策的不必要性及其負面作用。

如果從事後諸葛亮的角度來看，或可對此持理解態度。當時中國的醫藥能力和政府治理能力都不足，採取相對比較原始的處理手段，也符合社會上一般人的期待。只是，當時的處理方式無視世界各國針對麻風病政策的反省，且在處理手段、醫療照護和生活補給等方面上也沒有辦法更人道和更完善。所以，當時的做法就只是採取隔離手段，被隔離的人其實再也沒有辦法出來了。

「強制」的另一個層面，指向的是醫療照護問題。在當時的中國，關注麻風病的絕大多數都是基督教人士，但西方傳教士在一九四九年後基本被迫離開了中國。然而，這些基督教人士留下了很多醫療機構，不管是大學還是諸如協和、湘雅、齊魯、華西等醫學院，為中國培育出了第一代醫療人士，再靠第一代培養了第二代、第三代、第四代的醫療人士。

問題在於，醫療專家的培養速度哪有那麼快？於是，在面對麻風病的初始階段，只好用任務指派的方式。而在人員指派方面，傾向於那些家庭政治背景不太好的人員。

等到需要再度指派時，就重新再找一批這樣的人出來。再等到還需要繼續往底層下放時，培養醫療大學生的時間太長，只得開始培養中階人才或者低階人才，既然醫療隊伍需要繼續擴大，那就不再講究高素質。畢竟，目的不是研究發展，也不是在高階醫院、大型醫院裡給人看病，只是擔任麻風病公共衛生防疫工作，素質要求相對較低。然而，如此龐大的中低階人才，從何而來，又去哪招募呢？到頭來，還是找犯過錯誤的或家庭政治背景不好的「黑五類」子女來做。

無論是麻風病人的處理方式，還是醫療照護的人員指派，都充滿了強制的色彩；而且，這種「強制」是把人隔離出正常社會和尋常醫療隊伍之外，所以我稱之為「強制的人道主義」。

「強制人道主義」造就的後果之一，便是將痲風汙名變得更加延續和更加複雜化。隔離措施符合社會對汙名疾病的處置期待，這讓社會對痲風病人的汙名化更為延續。而在整個醫療隊伍裡，痲風防疫被認為是最低層次的工作，再加上政治層面的汙名，導致相關醫療人員在醫療領域被汙名化。在這方面，高階醫療人員的汙名處境最為突顯。

如何理解疫病患者和醫護人員的個人處境？

曾夢龍：相比過往的中國痲風史研究（如梁其姿的《痲風》），你的研究特別關注痲風這種疫病所引發的心理與情緒面向，並採用社會學者亞莉・霍克希德（Arlie R. Hochschild）所提出的「情緒勞動」（emotional labor）概念加以分析闡釋。能不能講講為什麼你覺得關注痲風所引起的心理情緒面向是重要的？關於中國痲風史，相比患者，為什麼你會更關注痲風醫生的心理情緒？如何理解他們的「情緒勞動」？

劉紹華：麻風是被高度汙名化的疾病，導致歷史記述不多。在歷史記述方面，基本都是非麻風病人怎麼看待、想像、和應付麻風病的相關資料。對於麻風病人本身的理解，或從麻風病人角度和處境記述下來的歷史資料幾乎沒有。在一些章回小說裡，可能會書寫到一些麻風病人，或想像麻風病人的處境，但描繪麻風病人自身立場的作品非常稀少。所以，如果你只做白紙黑字的歷史，基本不太可能看到麻風病人的心情。大部分留下來的歷史記述，都是主流中人或有權者的歷史。在歷史記述中，底層的人向來是相對少數和邊緣的，更何況麻風病人還是底層中的底層。所以，如果僅從歷史檔案去做麻風病史，很難完成病人角度的書寫和觀察。這也是為何不管像梁其姿老師或其他麻風史學者在做研究時，很難看到關於人的情緒面向，但他們可以看到一些關於人的行為的記述。

這次武漢新冠肺炎疫情，誰不會第一眼就關注情緒、人的苦痛、人的無助？情緒是最搶眼、最彰顯的人性反應。麻風是一個高度汙名化的疾病，如果這種最彰顯的人性反應沒有被記述和被看見，要研究這種情緒張力最高的疾病時就會缺乏材料，這是所有研究疫病的人都會覺得可惜的地方。雖然是做歷史研究，但我畢竟做的是當代歷史。人，還在我眼前，我還看得到這些深受其害的人。對我來講，看到這些人時，最重要的就是情緒的面向。

為什麼我以麻風醫生為主要研究對象？病人的情緒面向當然很重要，我也並非沒有寫到病人的情緒面向，但全世界病人的情緒面向都不會有太大差異。儘管可能會有生活困境的地方差異，但得病以後無語問蒼天、沒有醫療可以治癒的痛苦、被人隔離、汙名和排斥，全世界的病人在那個年代的處境都差不多。對我來講，如果把整個重點全部放在病人困境，雖然記述下了一些珍貴的歷史，但在觀察世界時，也不會看到更多新的東西。

但是，中國麻風醫生的情緒面向，是我在世界其他關於麻風的紀錄裡所沒有看到的。我沒有看到以麻風醫師為主要描述、書寫對象的任何書籍或研究，可能有少數關於麻風醫生的傳記或自傳；但以麻風醫生為主要描述，以理解麻風防疫的研究或者歷史記述、報導的文字書寫，我從來沒看過。而且，中國麻風醫生是在特殊政治時期中塑造出來的醫療隊伍，在他們和病人的互動之間，一樣可以看到病人的處境。所以，我就選擇以中國麻風醫生做為研究的主軸。

這個醫療工作是被國家指派的政治任務，是被高度汙名化且社會都認為是糟糕危險的工作，在此情況下被強制指派，就會形成某種「情緒勞動」。哪怕平常在醫學院成績很好也無濟於事，只因為身分不好便要去做這個大家都瞧不起的工作。等到這些醫護人員被送到第一線去照顧麻風病人時，面臨的是生存條件和病人處境悲慘等狀況，醫療照護本身又是另一種「情緒勞動」。

曾夢龍：像這次新冠肺炎疫情，我們既看到了醫生的可敬和勇敢，也看到了他們的脆弱和崩潰，很讓人難受，所以想問問你怎麼看待這次疫情中醫生的處境？

劉紹華：醫生的處境主要有兩種：醫生的共同處境和不同醫生的不同處境。共同的處境是，他們基本上沒有受到政策的充分支持。這不是尋常個體的醫療，而是已經達到公共衛生層次上的醫療危機。這裡面其實有兩個面向：一個是醫生在救治個體病人的面向，一個是公共衛生防疫的面向。

在公共衛生防疫的面向上，需要相當的社會跟政治協調，才可能達到人群效果。你說這些醫生，他們能做這些嗎？能把這些事情丟給他們嗎？當然不能。可是，我們看到的醫生處境是，大家以為這些事情全部都與醫療相關，讓平常只能做個體救治的醫療人員，去應付已經達到大規模人口的公共衛生問題。大量病人湧來，大量醫療資源被快速消耗，醫務人員自己也沒有辦法自我防護，也沒有好的公共衛生防疫。不管是怎樣的醫生，被放到這樣的處境，都只能拚命地豁出去，壓力很大。他們一定很清楚自己深陷怎樣的危機；可是，他們也深知，倘若自己不這樣做，也沒有其他人能夠治療這些病人。所以，重要的就是公共衛生防疫那一塊，不管是物資補給、防疫動線，還是人員配置、社會層面的規畫，公共衛生專家和官員必須要搭配政府其他部門，做通盤協調跟全面支援。

很多醫生都是全然無助地以一己之力、赤裸裸去應對集體的公共衛生疾病。這是多麼可怕的事情。所以，在這裡面至少可以看到兩大類型的醫生：一種是會讓大家哭泣、感動和惋惜的醫生，另一種是有可能半路脫逃的醫生，後者會被大家謾罵，但這也是正常的人性反應。雖然，他好像違背了學醫時的訓示，但這是處在一個沒有辦法獲得國家社會支持的個別醫生的個人決定。即使那些醫護人員被拿出來反省，可是我們對他們的反省，也必須放在對更大的社會跟國家的反省脈絡下去反省才有意義。

曾夢龍：聽到李文亮醫生去世的消息後，你有什麼感受或者想法嗎？

劉紹華：二月七日晚上九點，我沒有吹口哨，我在檯燈下唱著〈平安夜〉，祈禱他天國安息。我就跟廣大的眾人一樣，得通過一種儀式性的作為，來安撫內心的哀痛與不平。這種儀式性的行為，雖然都是關在家裡獨自做，但我們都明白它的集體意義，這就是儀式的社會功能與效力。儀式有助於我們凝聚象徵意識，也有助於創傷療愈。上一次這樣做，是為了一位名人，這一次是為了一位鄰家男孩一樣的年輕人。時空不同，儀式的需求卻一樣，我們需要跨越什麼，是反思重點。

怎樣看待中國和國際的公共衛生防疫合作？

曾夢龍：為了分析今日與過去的延續和斷裂，你在《麻風醫生與巨變中國》中的第六、七章討論了中國麻風防治在一九八〇年代後的發展。能不能簡單總結一九八〇年代後，中國的麻風防治有什麼特點？面臨什麼危機和挑戰？感覺這和中國基層整個防疫體制變化也有關係。

劉紹華：沒錯，但我現在也沒有辦法說太多。有兩件事情，我們可以檢討：一是關於歷史，一是關於現狀。

關於歷史檢討，如果以麻風病來看，中國一九八〇年代之前的麻風防疫手段及其造成的負面效應，非常值得反省。但這些從來沒有被檢討，甚至至今還是看不見的歷史。我們只看到中國防疫成功，可是中國到底付出了什麼代價？包括麻風防疫的手段和理念都缺乏反省，整個社會還沒有討論，所以我們會一再看到歷史不斷重複。

第二個層次就是歷史對現況的影響，一九八〇年代以後，當人們可以選擇工作自由時，麻風防疫的力量整體下降，包括大量醫療人員離開防疫隊伍。他們以前被迫忍受汙名，等到有機會自由選擇工作後，都想離開、否認過去的經歷，只有少數人，尤其是知識分子型的醫生願意繼續做下去。當然，我們不能怪那些離開的人，他們有著太痛苦的過去。以前防疫的惡果之一，就是導致後續防疫力量大幅下降。

另外，跟當前比較有關聯的現象，是中國在改革開放後逐漸跟國際接軌，不管是世界衛生組織，還是各種國際組織，都開始進入中國。國際組織或世界尖端科技研究機構，其實很需要地方資訊；甚至，它們在研發新藥或新手段時也都需要疾病樣本。這也是武漢病毒研究所為什麼跟美國的合作很密切。中國身為疫區，其實有一個在全球衛生方面的關鍵角色，它是樣本提供者、藥物實驗地、防疫方法實作地。

在中國投入麻風防疫的高階醫生，是國際合作的關鍵人。這給中國社會帶來兩個主要效應：一，在改革開放後，參與國際合作得以展現出國際競爭力，在中國境內會很受人矚目；二，一般人根本搞不清楚防疫細節，很多事情在社會上也看不見，更不會拿出來檢討，但在改革開放後跟國際合作變得愈來愈重要時，鎂光燈之下的歷史就會替代那些可能是真實但看不到的歷史。所以說，國際合作到底是好或不好，要看政治風向。

曾夢龍：你的兩本書都強調，在防疫過程中，政府需要重視地方特性，但是某種程度上，全球化也可以幫助防疫。你怎麼理解其中的張力？

劉紹華：大概在二〇〇〇年左右，中國開始對以前的防疫站做了防疫機制調整，改造成了美國式的疾控中心（CDC）。當它往美國疾控中心的做法調整時，不管是在體制配合或訊息提供上，都必須跟美國密切合作，因為在體制、技術和科研發展的經費來源方面，尤其一開始，都仰賴於此。這就是為什麼，不管是武漢病毒研究所或中國其他機構，都不可避免地跟美國合作。

那它會出現一個什麼樣子的現象？在SARS時期，有學者指出一個問題：當疾控中心面對SARS防疫時，不管是在資料收集上，還是在疫病關注上，配合全球衛生架構下的資訊提供，高於對本地受苦的人的關注。如果把外界針對中國SARS情況的評價，放到這次新冠肺炎疫情來看，雖然不能確認這樣的結論適不適用，但目前看到的趨勢好像讓人有一點憂心。

如何看待公共衛生防疫中的個人權利？

曾夢龍：從根本上來說，檢疫隔離的問題涉及你所關心公共防疫和個人自由的爭議問題，包括你也提到傅柯在《必須保衛社會》裡說的「生物政治」。你能不能再補充一些如何看待公共防疫和個人自由之間的複雜性的看法？

劉紹華：隔離的目的是為了防疫，而不是為了讓他們自生自滅。患者配合國家在公共衛生上的要求而被隔離，但國家也應該尊重個人福祉和基本人權，實施醫療和生活等方面的照顧。這就是個人自由跟公共衛生防疫需求之間的妥協。

公共防疫和個人自由之間的掙扎，如同我在《痲風醫生與巨變中國》裡寫過的話：

人類社會永遠存在以集體之名犧牲個人自由與權益的動機。那麼，如何維持兩造之間那條紅線的位移平衡，是社會必須保持警戒與關注的焦點。而維持警戒的前提應是：必須認知公共利益與個人自由之間是一場拉鋸，辨識當中無可迴避的政治理念與社會道德，才可能儘量免除「以集體之名」為理所當然的公共正當性，傷害個人。即使疫病再起或其他緊急狀態出現，若欲對個人自由進行暫時性的約束，以保護集體利益，也仍然不該忘卻對個人權益的盡力維護。如此才能將犧牲個人所導致的傷害降至最低，也才能避免國家或專業以集體之名而濫用權力。

曾夢龍：除了中國，我們可以從其他國家或地區的類似事情中獲得什麼經驗教訓？

劉紹華：就愛滋病和痲瘋病來講，很多地方都已經反省了以前做錯哪些事情，檢討了是否需要強制隔離手段，還有在採取強制隔離手段時，如何關注人的基本權利和基本福祉？當這些反省在醫療教育和社會教育中形成了基本常識時，社會若再次面臨疫情，這些基本常識就可能會讓大家對於政府的所作所為展開監督，不至於讓錯誤的歷史過度重演。也許恐慌會一度重演，但整個社會應該比較能夠很快冷靜下來，根據歷史的反省，展開比較有秩序感的防疫作為。

曾夢龍：剛才談了太多理性的東西，所以想問問關於疫情，你有什麼感受或故事？

劉紹華：我看到很多武漢人的帖子，講述他們的親人被隔離之後，下次再看到時已是骨灰盒了。那是多悲慘的事情啊。汶川大地震時不也一樣嗎？汶川大地震時，怕傳染病蔓延，受難者根本不可能等到親屬來認領，很多當下就被火化。這就牽涉到剛才談的公衛安全跟個人權利之間的掙扎問題。

曾夢龍：當你看到太多苦難時，你又如何處理自己的複雜心情？

劉紹華：其實，我覺得我沒有立場對在中國的人有什麼建議，因為我畢竟身在安全之地。我這麼一位身處安全之地的人，沒有資格去教困境之地的人怎麼超脫苦難。人類的苦難跟宗教的發展一直有關係，當你真正到了無語問蒼天時，如果可以跟很抽象的造物主有生命的精神對話，你起碼有機會安定自己的內心。當一個人沒有辦法跟自己內在對話，也沒有辦法在社會上去做公平對話時，那種困境會導致可怕的心理問題。

我們所知道的那些在歷史上被記述下來的人，那些面對苦境後，仍可以正直良善活下來的人，他們一定是不斷與內在的自我對話。而他們之所以能夠跟內在對話，一定是在他平常的教育裡——不管是心靈教育、社會教育，還是傳統知識教育、專業倫理教育等——一定是有內在的精神原則可以幫助他。但是，國族主義做為內在精神原則，在很大程度上是靠不住的。這就像老舍的《茶館》裡常四爺說：「我愛咱們的國，可是誰愛我呀？」

我們所受的教育，包括做人處事基本禮節的教育、專業倫理、人文歷史精神，能讓我們在看待這些事情時，對人性有基本的理解；對於自己的善惡選擇，有基本的原則；對這個世界，有一些基本的期待和樂觀……種種這些東西，可以協助我們渡過困境。

曾夢龍：能不能給讀者推薦一些相關的書？

劉紹華：遲子建講東北鼠疫的小說《白雪烏鴉》。同時，也建議大家去看歷史。

Voice
春山之聲　022

疫病與社會的十個關鍵詞

作　　者　劉紹華
總 編 輯　莊瑞琳
責任編輯　盧意寧
美術設計　林宜賢
內文排版　丸同連合 Un-Toned Studio

出　　版　春山出版有限公司
地址：11670 台北市文山區羅斯福路六段297號10樓
電話：02-29318171
傳真：02-86638233

總 經 銷　時報文化出版企業股份有限公司
地址：33343桃園市龜山區萬壽路二段351號
電話：02-23066842

製　　版　瑞豐電腦製版印刷股份有限公司
初版一刷　2020年10月

定　　價　400元

春山出版
Email　SpringHillPublishing@gmail.com
Facebook　www.facebook.com/springhillpublishing/

填寫本書線上回函

國家圖書館預行編目資料

疫病與社會的十個關鍵詞／劉紹華作
初版. －臺北市：春山出版，2020.10
面；　公分－(春山之聲：22)
ISBN　978-986-99492-0-0(平裝)

1.社會學　2.傳染性疾病
540　　　109014342

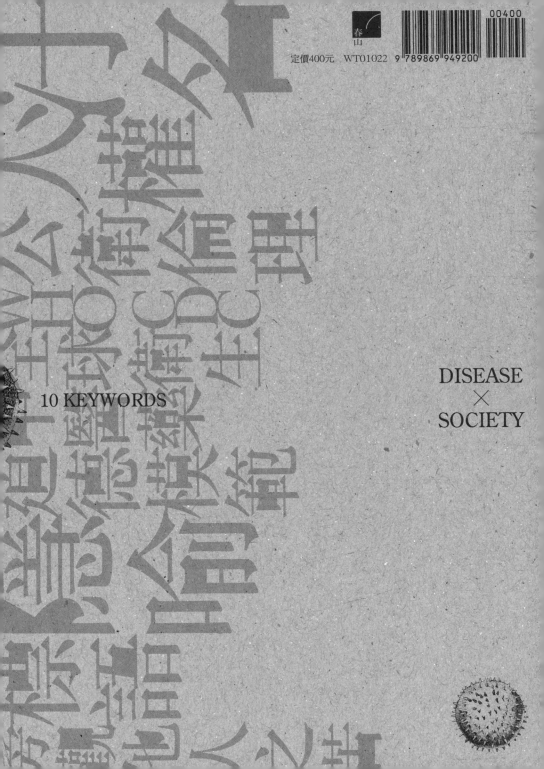

春山

00400
定價400元　WT01022　9 789869 949200

10 KEYWORDS

DISEASE
×
SOCIETY

春山之聲 Voice 08

人類學活在我的眼睛與血管裡

劉紹華 著
定價380元

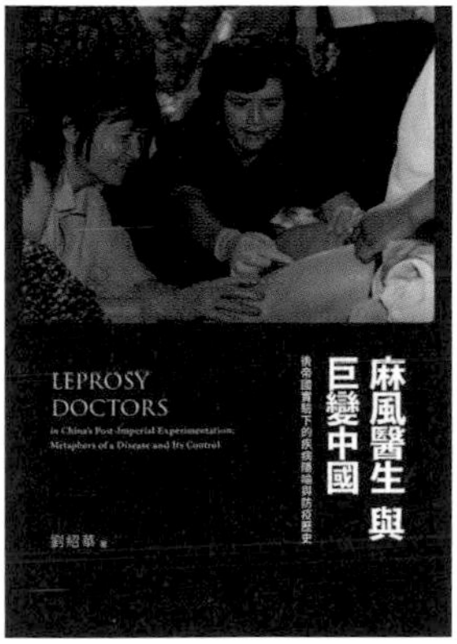

麻風醫生與巨變中國（電子書）

劉紹華 著
定價360元

汙名
人權
公衛倫理
WHO
CDC
全球衛生
中醫藥
道德模範
隱喻
標語

10 KEYWORDS

- COVID-19是如何命名的？疾病名稱與汙名歧視有何關聯？
- 疫情嚴峻，事態緊急，在瘟疫蔓延的恐懼下，如何維護公共權益與個人權利之間的平衡？
- 中國研究人員將全球首篇關於湖北新冠肺炎疫情的論文，發表在國際期刊《刺胳針》（*The Lancet*）上，這就公衛倫理而言有何疑慮？
- WHO（世衛組織）在此次疫情中引發不小爭議，這是特殊現象嗎？譚德賽的作為有沒有別的觀察角度？
- 2020年1月23日，武漢封城那一天，正是中國CDC成立十八週年的紀念日。為何這個仿效美國CDC制度、耗資不菲的防疫機構，沒有發揮預期功效？
- SARS期間搶購板藍根，COVID-19時換成雙黃連，這種中醫藥爭論的輪迴有無歷史脈絡可尋？
- 全球新冠病毒疫情高峰期間，世界各地都出現「抗疫英雄」。塑造追捧「道德模範」是好是壞？
- 「今天走親訪友，明年家中剩狗」，朗朗上口的標語口號有助政令宣導，卻也可能妨礙獨立思考，現代社會該不該繼續製造？
- 「防疫大作戰」這類疾病的隱喻，為何需要戒之慎之？
- 「旁觀他人之苦」是冷眼不作為？抑或也是一種行動？

十個關鍵詞，也是十個環繞COVID-19而起的大哉問：汙名、人權、公衛倫理、WHO、CDC、中醫藥、道德模範、標語、隱喻、旁觀他人之苦。

醫療人類學家劉紹華，在COVID-19疫情期間，從占據新聞版面的各式紛擾中，整理出一個理解框架，引導我們認識疫病控制與社會文化、國家治理、國際競合之間的關係。

作者認為，歷史不乏新瓶舊酒，充滿張力的新爭議，背後也常見舊有現象和歷史遺緒，想避免悲劇不斷重演，宜對過往透徹回顧。因此，針對每一個關鍵詞，她均致力梳理歷史脈絡，輔以豐富田野事例，呈現出事情的邏輯與矛盾、複雜與縱深，不給予非黑即白的簡化答案。

本書文字深入淺出，論述舉重若輕，值此急於表態的時代，這是一副特別為大眾讀者打造的思考工具。

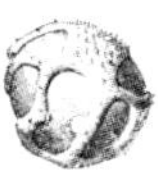

ISEASE
×
ETY

春山
定價400元　WT01022　9789869949200
00400

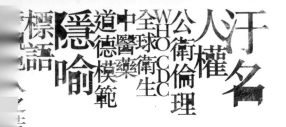